DEUTSCH
PLUS

WORKBOOK

Ruth Rach
with
Hyde Flippo
and
Herb Kernecker

NTC Publishing Group
a division of NTC/Contemporary Publishing Group
Lincolnwood, Illinois USA

The authors and publishers would like to thank the following for permission to reproduce copyright material: *Berne Tourist Office Stadtplan,* page 15; *Deutsche Bahn Bahncard,* page 37; *Reiseverbindungen,* page 41; *Lollipop* "Hohes Fieber" by Natalia Devos and Christa Becker, page 79; *Das AOK Magazin* "Supervater" survey, page 81; *TV Hören und Sehen,* "Leben im Hochhaus" by Angelika Krause and Bernd Lammel (photos) page 153 and "Ganz neue Schlankheitspillen . . ." by Christine Sieling, page 157.

The publishers wish to thank the owners of all copyright material reproduced in this book. They regret that, although every attempt has been made to contact all copyright owners concerned, this has not always been possible. They would be grateful to hear from any copyright owners with whom contact has not been made.

We are grateful to the following for their permission to reproduce copyright material and photographs: *Zefa Pictures,* pages 146 and 147.

Illustrations by Mahmoud Gaafar for *G&W*

ISBN: 0-8442-2588-6

CONTENTS

Treffpunkte

INTRODUCTION

Welcome to *Deutsch Plus German Workbook!* Designed for use in conjunction with the course book, this book will give you the opportunity to practice further the structure and language which have been introduced in *Deutsch Plus*. Like *Deutsch Plus,* it is divided into 36 units, each of which provides reinforcement and extension activities based upon the corresponding unit in the course book.

Each unit of the workbook contains activities that allow for practice of a wide variety of skills. The most common types of activities are listed below.

- *Multiple choice:* You are asked to complete sentences by choosing from several options given.
- *Dialogue completion:* In this type of activity, you will role-play typical situations likely to be encountered in a German-speaking country.
- *Sentence and paragraph completion:* These are fill-in-the-blank activities in which you complete a short text or series of sentences. You must select the appropriate information either from a list of options given or from information contained in a piece of authentic material such as a newspaper advertisement, a brochure, a schedule, etc.
- *Reading:* You are given the opportunity to read extracts taken from authentic texts such as magazines, newspapers, and other sources, and demonstrate comprehension by completing follow-up activities. Unfamiliar vocabulary has been retained (not glossed in English) to preserve the authenticity of the extracts.
- *Matching:* Here you have to pair up two related items.
- *Composition:* These activities provide practice in improving your writing skills. You are asked to react to or to summarize information from preceding activities or from the course book.
- *Illustrations:* Some activities are based on visuals; you are asked to answer questions about them, to describe what you see, or to provide fitting dialogue to accompany them.
- *Categorization:* This type of activity involves demonstrating your understanding of vocabulary by placing words in their proper categories.
- *True-False:* Here you must read information, then indicate whether statements about it are accurate or not.
- *Listening:* This type of activity involves listening again to specific recorded material from the course book and then answering questions related to the material.

If you find the content of a particular activity difficult, it probably means that you need to work through the corresponding unit in *Deutsch Plus* again. You may not be familiar with all the vocabulary used in the activities. The words that will be introduced in later units are listed in the Glossary of the course book. You can look them up there. The vocabulary that is not introduced in the course book is provided as **Extra Vocabulary.** If the activity is grammar based, you might find it useful to refer to the language summary at the end of the course book.

After you have completed all the activities in a unit, check your answers in the Answer Key on pages 170–185 at the end of this book. If you have made any mistakes, make sure that you understand why before you continue.

Viel Glück!

WILLKOMMEN

Objectives
- Saying "Hello" and "Goodbye"
- Using numbers from 0–20
- Learning the basics of German pronunciation

1 ## Saying "Hello" and "Goodbye"

Express the following in German.

1. Two ways to say "Hello" _____

2. Two ways to say "Goodbye" _____

3. Good morning _____

4. Good evening _____

2 ## The numbers from 0-20

Write each number as a German word.

1. 18 _____
2. 6 _____
3. 11 _____
4. 14 _____
5. 9 _____

6. 20 _____
7. 12 _____
8. 5 _____
9. 0 _____
10. 1 _____

3 ## Wissenswert: Geography

1. Name five places (countries or regions) where German is spoken. If you need help, refer to parts 4 and 5 in the lesson in your course book.

   a. _____

   b. _____

   c. _____

   d. _____

   e. _____

2. How many people speak German as a native language?

   _____

3. Which of the three major German-speaking countries has the smallest population? The largest population?

   _____

4. Name each country (*das Land*) and its capital (*die Hauptstadt*) in German.

   a. Austria _____

   b. Switzerland _____

   c. Germany _____

Objectives
- Practicing greetings and introductions
- Asking for and giving personal information
- Reviewing numbers 0-20 and basic grammar

1

Introductions

Correct the captions. Each caption contains one or two words that don't match the picture. Cross out each incorrect word and rewrite the caption on the line below. Use a correct word from the box.

Tag	wohne	Frau	Felix

2 **Number work**

Write the missing numbers as words.

Example: sechs + zwei = _acht_____

1. fünf + sieben = _____

2. neun + _____ = siebzehn

3. _____ + zehn = zwölf

4. drei + eins = _____

5. fünfzehn + drei = _____

6. _____ + acht = neunzehn

7. sechzehn + vier = _____

8. sechs + _____ = zwanzig

3 **Reviewing capitalization**

Untangle the sentences and rewrite the conversation.

Example: WIEISTIHRNAME? _Wie ist Ihr Name?_____

1. ICHVERSTEHENICHT. _____

2. WERSINDSIE? _____

3. ICHBINNICOANTONESCU. _____

4. WIEBITTE? _____

5. MEINNAMEISTNICOANTONESCU. _____

6. UNDWOHERKOMMENSIEDENN? _____

7. ICHKOMMEAUSRUMÄNIEN. _____

8. ARBEITENSIEHIER? _____

9. JAICHARBEITEHIER. _____

10. UNDWASSINDSIEVONBERUF? _____

11. ICHBINVOLONTÄR. _____

12. SINDSIENEUHIER? _____

13. JAICHBINNEUHIER. _____

14. WILLKOMMENINDEUTSCHLAND! _____

4 Basic questions

Write the correct question words before the phrases below. Then translate the questions. Some question words can be combined with more than one phrase. You should come up with at least five questions.

wo	woher	wie	was	wer

1. _____ kommen Sie?

2. _____ heißen Sie?

3. _____ sind Sie?

4. _____ wohnen Sie?

5. _____ sind Sie von Beruf?

Your translations

1. _____

2. _____

3. _____

4. _____

5. _____

5 This is Andreas

Andreas is a policeman from Munich who lives in Potsdam and works in Berlin. This is what he wrote about himself. Fill in the missing verbs from the box below.

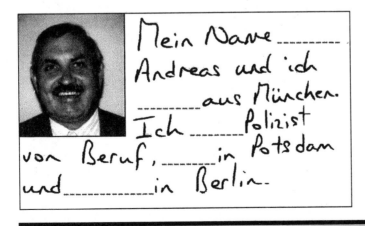

Mein Name _____ Andreas und ich _____ aus München. Ich _____ Polizist von Beruf, _____ in Potsdam und _____ in Berlin.

arbeite	bin	komme	ist	wohne

6 **More questions, more verbs**

Fill in the blanks with the appropriate form of each verb.

1. heißen   Ich _____ Maria.

Wie _____ Sie?

2. sein   Ich _____ Ingenieurin. Und Sie?

Was _____ Sie von Beruf?

3. arbeiten   Ich _____ hier in Köln.

Und wo _____ Sie?

4. kommen   Ich _____ aus Hamburg.

Woher _____ Sie?

5. wohnen   Ich _____ in Bonn.

Wo _____ Sie?

7 **Puzzle**

The highlighted letters in the puzzle will give you the name of an English-speaking country.

1. greeting

2. woman

3. German-speaking country

4. one way of saying goodbye

5. morning

6. day

7. welcome

8. a country with more than three languages

9. another German-speaking country

10. evening

Keyword: ____ ____ ____ ____ ____ ____ ____ ____

8 About myself

Write a profile of yourself by answering the following questions.
Answer in complete German sentences.

1. Wie heißen Sie, bitte? _____

2. Wo wohnen Sie? _____

3. Woher kommen Sie? _____

4. Was sind Sie von Beruf? _____

5. Wo arbeiten Sie? _____

9 Vocabulary

Write the German word or expression for each item below.

1. I don't understand. _____

2. editor _____

3. female student _____

4. Pardon? _____

5. where / what / who _____

UNIT
2
DER ZWEITE TAG

Objectives
- Recognizing definite and indefinite articles
- Asking for and giving personal details
- Categorizing
- Practicing asking questions

1

Who says what?

Write the correct captions on the lines.

Wie geht's Ihnen?	Wie buchstabiert man das?
Nehmen Sie Platz!	Nein danke.
Milch und Zucker?	Danke, gut!

2   Definite and indefinite articles

Write the correct definite (*der, die, das*) and indefinite (*ein, eine*) article for each noun. Then give the appropriate definitions in English.

Example: ____*der*____ Tag ____*ein*____ Tag = ___*the day*___ ___*a day*___

1. _____ Name _____ Name = _____ _____

2. _____ Kaffee _____ Kaffee = _____ _____

3. _____ Beruf _____ Beruf = _____ _____

4. _____ Limonade _____ Limonade = _____ _____

5. _____ Anschrift _____ Anschrift = _____ _____

3   Which answer fits?

Circle the correct answer to each question.

1. Wie geht's Ihnen?
   a. Nein danke!
   b. Prima, danke!

2. Eine Tasse Kaffee?
   a. Ja, gerne.
   b. Schönen Tag noch.

3. Woher kommen Sie?
   a. Aus Hamburg.
   b. Ich heiße Rita.

4. Was sind Sie von Beruf?
   a. Verkäufer.
   b. Zucker.

5. Wo wohnen Sie?
   a. Frau Eichhof.
   b. In Bremen.

4   Filling out a form

Study the details given by Julian in the passage below. Then fill out the form.

Ich heiße Julian Janson. Ich bin Ingenieus und ich wohne in der Kastanienstraße 3 in Bonn. Mein Geburtsort ist München, und mein Geburtstag ist der 11.6.75.

1. Name _____

2. Vorname _____

3. Adresse _____

4. Stadt _____

5. Geburtstag _____

6. Geburtsort _____

5   *Ein, eine or der, die, das?*

Complete the chart.

	ein Land	das Land
1.		der Name
2.		die Adresse
3.	eine Straße	
4.		der Mann
5.	ein Beruf	
6.	ein Student	
7.		der Ausweis
8.	eine Frau	
9.		die Polizistin
10.		der Lehrer

6   **How do you say...?**

Write a German statement or question for each of the following items.

1. Ask someone how they are. _____

2. Say that you would like fruit juice. _____

3. Ask how one spells that. _____

4. Say that you're fine, thanks. _____

5. Accept an offer of something to drink. _____

7   **New verbs**

Fill in each blank with the appropriate verb form.

1. schreiben   Wie _____ man das?

2. nehmen   Bitte _____ Sie Platz!

3. möchten   _____ Sie einen Kaffee?

4. gehen   Wie _____ es Ihnen?

5. wiederholen   Bitte _____ Sie das, langsam.

8 Chaos and order

Put each noun in the box below into one of the categories on the chart. One has been done for you.

Name	Straße	Abend	Polizist	Architektin
Milch	Lehrer	Ort	Tee	Land
Saft	Wasser	Tag	Hallo	Morgen

Address	Greeting	Drink	Profession
Name			

9 Absurd food orders

Cross out the parts of the orders that do not make sense and then translate each order. But watch out, one of the orders needs no changes, while others could be corrected in more than one way.

Example: Ich möchte einen Fruchtsaft ~~mit Milch~~.

Ich möchte einen Fruchtsaft. (*I want a fruit juice.*)

1. Ich möchte einen Kaffee! Schwarz, mit Milch bitte! _____

2. Einen Zucker mit Milch bitte! _____

3. Eine Tasse Tee mit Zucker! _____

4. Ich nehme einen Saft und ein bißchen Kaffee. _____

5. Ein Glas Wasser, schwarz, ohne Zucker bitte! _____

10 Reading forms

Fill in the blanks.

1. Ich heiße _____

2. Von Beruf bin ich _____

3. Ich komme aus _____

4. und ich wohne in _____

```
NAME:
Murr
VORNAME:
Maximilian
BERUF:
Journalist
ADRESSE:
33602 Bielefeld,
Kornstraße 15a
GEBURTSORT: Bonn
```

UNIT
3
WO IST STUDIO A?

Objectives
• Asking for directions
• Following directions

1 ## Which way?

Write the letter of the appropriate expression next to each symbol.

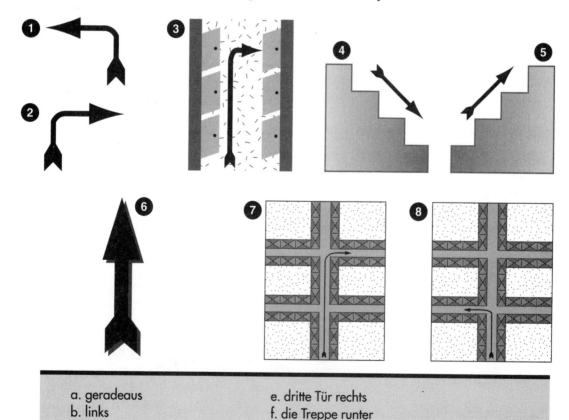

a. geradeaus	e. dritte Tür rechts
b. links	f. die Treppe runter
c. rechts	g. erste Straße links
d. zweite Straße rechts	h. die Treppe rauf

12

2   Asking for directions

Translate the questions below using all the words from the chart. Each question will use a word or phrase from each column in the chart.

Wo . . .			
	ist	die	Studios?
	sind	das	Computer?
	finde ich	das	Automat?
	finde ich	der	Telefon?
	sind	den	Büros?
	finde ich	die	Restaurant?
	ist	den	Kiosk?

Example: Where is the telephone?

  Wo ist das Telefon?

1. Where can I find the kiosk?

2. Where are the offices?

3. Where can I find the restaurant?

4. Where are the studios?

5. Where do I find the computer?

6. Where is the vending machine?

3 Getting places

Ask how to get to each place shown in the pictures.

Example: Wie komme ich zur Rezeption?

1. _____

2. _____

3. _____

4. _____

5. _____

4 Where is that?

Use the English cues below to write questions in German using *Wo ist...?* or *Wo sind...?*, as appropriate.

Example: (the vending machine) Wo ist der Automat?

1. (the elevator) _____

2. (the studios) _____

3. (the exit) _____

4. (the offices) _____

5. (the restrooms) _____

6. (the staircase) _____

5 Blind date in Bern

Linda, Mitzi, Paul, and Dieter each have a set of directions. Are they all going to meet at the end? Look at the map and draw in their routes.

MITZI: Geradeaus und die zweite Straße rechts.

DIETER: Geradeaus, am Bärenplatz links und dann die dritte Straße rechts.

PAUL: Geradeaus und dann rechts um die Ecke.

LINDA: Geradeaus und die dritte Straße links.

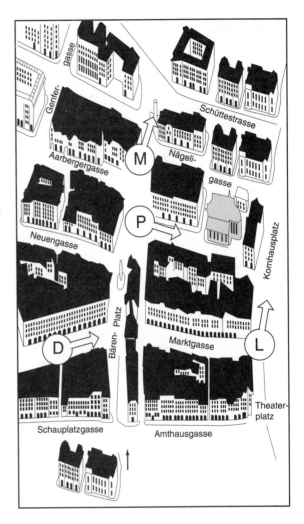

6 Mystery sights

Eight sights are marked on the map. Can you figure out to which sights the five clues below refer? Write the number of each sight next to the clue.

Clues

_____ **a.** Das Hotel Union ist beim Bahnhof.

_____ **b.** Die Bank ist links um die Ecke.

_____ **c.** Zur Stadtmitte gehen Sie an der zweiten Straße rechts und dann geradeaus.

_____ **d.** Der Kiosk ist dort drüben, an der dritten Straße rechts.

_____ **e.** Das Restaurant König? Da nehmen Sie die erste Straße rechts, dann links, und am Ende ist dann das Restaurant.

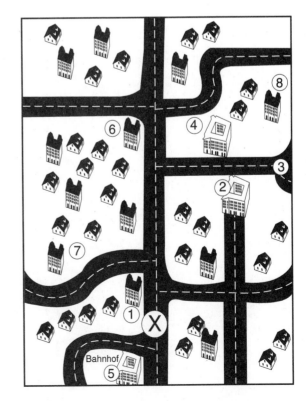

7   Keyword

Complete each word. The missing letters will give you the keyword.

1. St _____ dtmitte

2. A _____ fzug

3. _____ tock

4. Eta _____ e

5. _____ mpel

6. Rezeptio _____

7. _____ ang

Keyword: _____ _____ _____ _____ _____ _____ _____

8   Where are you going?

Draw a line from the German terms on the left to their corresponding English terms on the right. *One term on the right will not be used.*

1. rechts

2. links um die Ecke

3. geradeaus

4. die zweite Straße links

5. dort drüben

6. links

a. on the left

b. straight ahead

c. left around the corner

d. right at the second traffic light

e. on the right

f. the second street on the left

g. over there

Objectives
- Using numbers from 21-100
- Asking how much something costs
- Buying food
- Recognizing singular and plural forms of nouns

1 ## Friends of fruits?

Each customer is pining for his or her favorite fruit. Write a sentence for each customer on the line below. Follow the example shown.

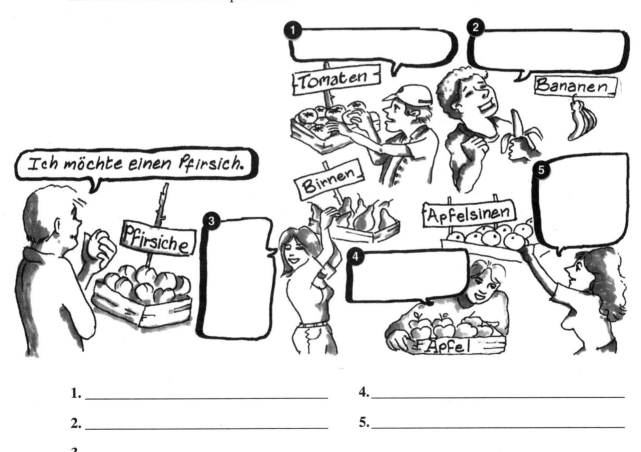

1. _____

2. _____

3. _____

4. _____

5. _____

2 ## Reading numbers

The number 3469 can be read several different ways. For example, it can be read as *drei vier sechs neun* or *as vierunddreißig neunundsechzig*. Which of the boxes below refer to the same number?

a. eins fünf vier neun	e. fünfzehn neunundvierzig
b. vier eins neun drei	f. siebenundzwanzig sechsundachtzig
c. zweiundachtzig siebzehn	g. vierundsechzig einundsiebzig
d. sechs vier sieben eins	h. einundvierzig dreiundneunzig

3 ## Numbers from 21-100

Write the following numbers as numerals.

Example: fünfundzwanzig = _25_

1. dreiundvierzig = _____

2. achtundsechzig = _____

3. dreiundsiebzig = _____

4. sechsundzwanzig = _____

5. einundneunzig = _____

6. vierundfünfzig = _____

7. dreißig = _____

8. siebenundzwanzig = _____

9. zweiunddreißig = _____

10. einhundert = _____

11. neunundneunzig = _____

12. vierundachtzig = _____

4

Different wording, same meaning

Draw lines to connect the shopping terms with their meanings. Two have been done for you.

1. Das macht ...

2. Was darf es sein?

3. Das reicht.

4. Was kostet das?

5. Ist das alles?

6. Sie wünschen?

7. Ich nehme ...

8. Außerdem noch ein Wunsch?

9. Wie teuer sind sie?

10. Ich hätte gerne ...

11. Bitte sehr?

12. Bitte schön?

13. Sonst noch etwas?

14. Das war's.

15. Das kostet ...

16. Was macht das?

17. Ich möchte ...

18. Kommt noch etwas dazu?

a. What would you like?

b. I'd like ...

c. Anything else?

d. (No), that will be enough.

e. How much is that?

f. That costs ...

5

Making introductions

Complete the descriptions that Felix and Petra wrote about themselves.

Das ist Felix Bauer. Er _____

_____

_____

Sie heißt _____

_____

_____

Ich bin Felix Bauer. Ich komme aus der Schweiz, aber ich wohne und arbeite in Lübeck.

Ich heiße Petra Schwarz. Ich bin Cutterin bei TV-POP. Ich liebe Pop und Jazz und mache gerne Musik.

6 | Food for thought

In each group, cross out the word that does not belong.

1. Brötchen   Weißbrot   Semmel   Abendbrot

2. Salami   Würstchen   Schinken   Ordnung

3. Milch   Käse   Kaffee   Wasser

4. Verkäuferin   Gramm   Pfund   Kilo

5. Äpfel   Apfelsinen   Bananen   Butter

6. Pfennig   Schilling   Rappen   Zucker

7 | Singular or plural?

Complete the following sentences with the correct *singular* or *plural* form of the noun.

1. Ich habe nur eine Birne. Ich möchte mehr _____.

2. Du hast nur einen _____. Möchtest du mehr Pfirsiche?

3. Sie hat nur eine Banane. Sie möchte mehr _____.

4. Er hat nur eine _____. Er möchte mehr Weintrauben.

5. Wir haben nur einen Apfel. Wir möchten mehr _____.

8 | Prices and figures

Match the prices with the tags by writing the tag numbers next to the prices. Be careful, not all the tags fit.

_____ **a.** fünf Mark neunundvierzig

_____ **b.** zwei fünfzig

_____ **c.** Dreiundneunzig D-Mark

_____ **d.** fünfundachtzig Pfennig

_____ **e.** siebzehn dreiundzwanzig

_____ **f.** Neunundneunzig D-Mark

_____ **g.** vierundzwanzig Mark und fünfundsiebzig Pfennig

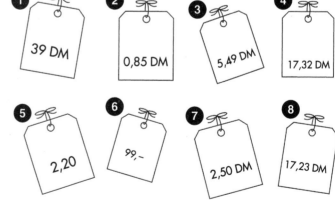
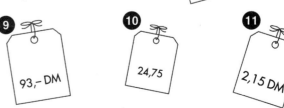

9   Shopping list

Fill in the missing letters to find out what quantities are needed.

1. ein   P ____ ____ ____ d   Kaffee

2. ein   L ____ t ____ ____   Milch

3. ein   ____ i ____ o   Bananen

4. sechs   Sch ____ ____ ____ ____ ____   Schinken

5. ein   h ____ lb ____ ____   Weißbrot

6. 200   ____ ____ ____ mm   Pfeffersalami

7. ein   St ____ ____ ____   Butter

10   Shopping expressions

Give logical answers to the following questions. Don't repeat any of your answers.

1. Was macht das?

   _____

2. Sonst noch etwas?

   _____

3. Wieviel Kaffee möchten Sie?

   _____

4. Was darf es sein?

   _____

5. Welches Brot möchten Sie?

   _____

UNIT

1

WIE SPÄT IST ES?

Objectives
- Telling time
- Asking what time it is
- Ordering food and drink

1 **Events**

Isabella, Henning, Torben, and Clarissa want to go to the movies. But two of them have got the time wrong. Correct the text in the speech balloons on the lines below.

Extra vocabulary: *tägl. = täglich = jeden Tag*

1. _____   3. _____

2. _____   4. _____

2   The time

Write each time given in another way. Use a 24-hour clock. Follow the example.

Example: fünf vor sieben (morgens)

    sechs Uhr fünfundfünfzig

1. neun Uhr zehn (morgens)

2. halb drei (nachmittags)

3. sechzehn Uhr fünfundvierzig

4. elf Uhr dreißig (morgens)

5. Viertel nach neun (abends)

6. zehn vor sechs (morgens)

3   The clock

Part A

Change the following to 24-hour times.

1. 1:30 P.M. = _Es ist_

2. 12:05 A.M. =

3. 7:20 P.M. =

4. 3:15 P.M. =

5. 6:45 P.M. =

Part B

Change the following 24-hour times to 12-hour times. Write each time in German words. Use *morgens* for A.M. and *nachmittags* or *abends* for P.M.

6. 14.30 Uhr = <u>Es ist halb   </u>

7. 22.05 Uhr = _____

8. 19.35 Uhr = _____

9. 3.15 Uhr = _____

10. 18.45 Uhr = _____

4   Reading a menu

Study the menu and decide what item numbers the four customers below could order.

1. Markus is a vegetarian. He would like soup and

a roll filled with something. _____

2. Iris wants a meat salad, but without red meat.

_____

3. Franziska wants fish.

_____

4. Marianne would like something warm, but no meat, fish, or soup.

_____

1 Käsebrötchen	
2 Wurstbrötchen	7,50
3 Kleiner Salatteller mit Brot	9,00
4 Tomatensuppe	9,50
5 Zwiebelsuppe	12,00
6 Kartoffelsalat mit Würstchen	14,00
7 Schinkenbrötchen mit Ei	14,50
8 Reibekuchen mit Apfelmus	14,50
9 Hähnchensalat	15,00
10 Frische Scholle mit Salat	15,00 18,00

5   What if . . .

What is the correct response for each situation?

_____ **1.** You want to catch the waiter's attention?

    a. Bedienung bitte!
    b. Das schmeckt!

_____ **2.** You want to ask for the menu?

    a. Ein Schweinesteak mit Pommes frittes bitte!
    b. Die Speisekarte bitte!

_____ **3.** You want to order something?

    a. Ich möchte bestellen.
    b. Ich möchte gehen.

_____ **4.** You want to say, "cheers"?

    a. Guten Appetit!
    b. Zum Wohl!

_____ **5.** You want to say, "Enjoy your meal"?

    a. Prost!
    b. Mahlzeit!

_____ **6.** You are ready to pay?

    a. Ich möchte bezahlen.
    b. Haben sie einen Tisch für mich?

6　More food

Write each item under the appropriate head on the chart. Remember to include the articles.

Ananas	Scholle	Hähnchen	Kartoffeln	Weißwein
Reibekuchen	Salat	Apfelmus	Eier	Zwiebeln
Mehl	Schweinesteak	Malzbier		

Fleisch	Fisch	kein Fleisch	Getränke
		die Ananas	

7　A recipe

Review the *Wissenswert!* section on page 24 of the course book. Then name four ingredients (in German) needed to make and serve *Reibekuchen.* Answer the questions.

1. _____

2. _____

3. _____

4. _____

5. What do people usually serve with *Reibekuchen?* _____

6. What might be another name for *Reibekuchen?* _____

8 **Cartoon**

Write an appropriate caption on the corresponding line.

Um dreizehn Uhr fünf.	Ist heute Montag oder Dienstag?
Es ist halb elf.	Um wieviel Uhr kommt der Bus?
Heute ist Mittwoch!	Wie spät ist es?

1. _____

2. _____

3. _____

4. _____

5. _____

6. _____

UNIT

2

DANIELS AM APPARAT

1 | Formal or informal?

Change the <u>underlined words</u> from formal to informal, or vice versa, as appropriate in the following situations.

Example: <u>Können Sie</u> mir sagen. . . → <u>Kannst du</u> mir sagen. . .

1. <u>Kannst du</u> mich bitte mit Herrn Schmidt verbinden? - <u>Bist du</u> noch da?

_____

_____

2. Ich kann <u>Sie</u> leider nicht am Sonntag treffen. <u>Können Sie</u> bis Montag warten?

_____

_____

3. <u>Kannst du</u> um 10.30 in mein Büro kommen? Ich möchte <u>dich</u> sehen.

_____

_____

4. Ja, ich verbinde <u>Sie</u>. - Für <u>dich</u>!

_____

_____

5. Ich möchte <u>Sie</u> zurückrufen. <u>Sind Sie</u> später da?

_____

_____

2 Forms of address

Revise the speech balloons in each cartoon to make them correct.

Guten Tag Frau Konrad. Kannst du mich bitte mit Herrn Michel verbinden?

Frau Schlömer! Mußt du heute arbeiten?

1. _____   3. _____

Möchten Sie einen Reibekuchen essen?

Sabine, kann ich Sie heute abend treffen?

2. _____   4. _____

3 A telephone conversation

Fill in the appropriate forms of the verb *sein*.

1. *HERR KLEIN:* Hier _____ Herr Klein.

2. *FRAU BLAß:* Wer _____ am Apparat?

3. *HERR KLEIN:* Klein! Mein Name _____ Klein.

4. *FRAU BLAß:* Wie bitte? Wer _____ Sie?

5. *HERR KLEIN:* Ich _____ Herr Klein. Ich möchte Frau Daniels sprechen.

6. *FRAU BLAß:* Tut mir leid. Frau Daniels _____ im Moment nicht da.

7. *HERR KLEIN:* Achje! Kann sie mich zurückrufen? _____ das OK?

8. *FRAU BLAß:* Ja. Wie _____ Ihre Telefonnummer?

9. *HERR KLEIN:* Meine Nummer _____ 42931.

4   *Wer? Wie? Wann?*

Complete each sentence with the correct word.

1. _____ ist am Apparat?

2. _____ ist Ihre Telefonnummer?

3. _____ ist er wieder da?

4. _____ spricht da, bitte?

5. _____ kann ich Frau Lehnhardt sprechen?

5   **Who can work when?**

Complete the dialogue by filling in the correct form of the verb *können*.

1.   *HERR MATZ:* Herr Krause, _____ Sie heute arbeiten?

2. *HERR KRAUSE:* Ja, heute _____ ich arbeiten.

3.   *HERR MATZ:* Gut. Und Frau Arndt? _____ sie heute auch arbeiten?

4. *HERR KRAUSE:* Nein, tut mir leid. Frau Arndt _____ heute nicht arbeiten.

5.   *HERR MATZ:* Achje! Und morgen? _____ sie morgen arbeiten?

6. *HERR KRAUSE:* Morgen ist gut. Morgen _____ wir beide arbeiten.

6   **How do you say . . . ?**

Write a German statement or question for each of the following phone situations.

1. Ask who is on the phone.

_____

2. Say goodbye before you hang up the phone.

_____

3. Ask to be connected to Mr. Müller.

_____

4. Say that you're sorry, but Paul isn't there.

_____

5. Ask for the telephone number and area code.

_____

7 Telephone language

In each set of responses, circle the one that does not belong.

1. You are calling a particular number. What might be the first thing you hear when someone answers?

   a. Auf Wiederhören.

   b. Hallo.

   c. Prima Plus, Guten Morgen.

   d. Maier und Co.

2. How could you ask to be put through to the right person?

   a. Frau Maier, bitte.

   b. Kann ich bitte mit Herrn Adler sprechen?

   c. Wann ist Michaela zurück?

   d. Könnten Sie mich mit Daniel verbinden?

3. Someone has given you his or her number. How would you ask for the area code?

   a. Wie ist Ihre Telefonnummer?

   b. Und die Vorwahl?

   c. Wie ist Ihre Vorwahl?

4. You answer the phone. How could you ask for the caller's name?

   a. Wer spricht da bitte?

   b. Wie ist Ihre Nummer?

   c. Wer ist am Apparat?

5. The call is for someone else in the room. What could you say to him or her?

   a. Für dich!

   b. Für Frau Paulson!

   c. Für Sie!

6. What would you say if someone was not there?

   a. Tut mir leid, Frau Maier ist nicht da!

   b. Sind Sie nicht da?

   c. Frau Mangold ist leider nicht da.

8 **A puzzle**

The letters in the highlighted boxes will give you the keyword—the name of the crucial object in this unit.

1. Wer ist am ⬜⬜⬜⬜⬜⬜▨ ?

2. Einen ⬜⬜⬜▨⬜⬜ , bitte.

3. Tut mir ▨⬜⬜⬜ !

4. Könnten Sie mich mit Frau Macke ⬜▨⬜⬜⬜⬜⬜⬜ ?

5. Können Sie ihr sagen, sie möchte mich ⬜⬜⬜⬜⬜⬜⬜⬜▨⬜⬜ .

6. Prima Plus Radio, guten ⬜▨⬜⬜⬜ !

7. Kann ich Frau Meier ⬜⬜⬜⬜⬜⬜⬜▨ ?

Keyword: ____ ____ ____ ____ ____ ____ ____

9 **Portrait of Jena**

Review the *Wissenswert!* section on page 26 of the course book. Then answer these questions about the city of Jena.

1. Where is Jena?

_____

2. What was founded in Jena in 1548?

_____

3. What person and which industry put Jena on the map?

_____

4. Which two famous German authors had a connection with Jena?

_____

5. How many people live in Jena?

_____

UNIT

3

ICH MUß EINEN TERMIN MACHEN

··

┌─────────────────────────────────────┐
│   │
│   *Objectives*   │
│ • Talking about the days of the week │
│   • Practicing modal verbs   │
│   • Arranging meetings   │
│   │
└─────────────────────────────────────┘

1 **The week ahead**

Sonja has a busy week ahead. Study a section of her letter and then answer the questions below. Answer in English.

1. What are Sonja's working hours for the first part of the week?

_____

2. Will she have any free evenings during the week? If so, which evening(s)?

_____

3. What's happening Thursday morning?

_____

4. Who is Sonja meeting on Thursday afternoon?

_____

5. When is Sonja going to the opera?

_____

6. With whom is she going to the opera?

_____

> Mein Terminkalender für nächste Woche ist absolut voll. Von Montag bis Mittwoch arbeite ich von acht Uhr morgens bis sechs Uhr abends. Montagabend spiele ich Tennis, Dienstagabend gehe ich in die Sauna. Am Donnerstag treffe ich mich mit meinen Kollegen zu einem Arbeitsfrühstück, am Nachmittag habe ich eine lange Besprechung mit dem Direktor. Freitag gehe ich zu einem Workshop über Management und Kommunikation, und am Abend besuche ich mit meinem Mann die Oper.

2   Two museums in southern Germany

Look at the tickets and study the details given about the museums. Place a check mark in the boxes that give correct information.

Schulmuseum Friedrichshafen am Bodensee

1000 Jahre Schulgeschichte, von der Klosterschule bis heute.

Öffnungszeiten: Tel.: 07541 / 3 26 22
Sommersaison (16.3.–15.11.) täglich 10–17 Uhr
Wintersaison (16.11.–15.3.) Di–So 14–17 Uhr

TMUSEUM SCHLOSS LANGENSTEIN (an der B31 zwischen Engen und Stockach)
Geöffnet:
werktags = 13-17 Uhr,
sonn- + feiertags = 10-17 Uhr.

Telefon
07774 / 77 88
oder
07771 / 21 75

	Friedrichshafen	
	Langenstein	
1. The museum is open every day.		
2. The museum is closed one day a week in winter.		
3. The closing times are always 5 P.M.		
4. On weekdays, the museum is always closed in the mornings.		
5. During the winter months, the museum is closed on Mondays.		
6. On Sundays, the museum opens at 10 o'clock throughout the year.		

3   Invitation to the movies

In the dialogue below, fill in the appropriate verb forms. The summary will help you understand the context of the dialogue.

Michael wants to go to the movies in the afternoon and asks Frau Bannock whether she wants to come along. Unfortunately, she has to work — even though it's Sunday. She wonders if they can go in the evening but Michael can't — he has to go to Berlin.

1.   *MICHAEL:* Ich (wollen) _____ heute mittag ins Kino. (wollen)

_____ Sie mitkommen?

2.   *FRAU BANNOCK:* Heute mittag (können) _____ ich leider nicht, ich (müssen)

_____ arbeiten.

3.   *MICHAEL:* Was! Sie (müssen) _____ heute arbeiten?

4.   *FRAU BANNOCK:* Ja, eine Journalistin (müssen) _____ auch mal am Sonntag

arbeiten. Aber (können) _____ wir nicht heute abend gehen?

5.   *MICHAEL:* Heute abend (können) _____ ich nicht, ich (müssen)

_____ nach Berlin fahren.

4 ## Modal verbs: *können, müssen,* and *wollen*

Use the English cues below to write German sentences using the correct form of each modal verb.

1. I have to (must) go to Berlin.

_____

2. You (*formal*) can learn German.

_____

3. She has to call (telephone) at 10 o'clock.

_____

4. I want to make *Reibekuchen.*

_____

5. Frau Weiß can get (fetch) the money today.

_____

6. He can't go to Amsterdam.

_____

7. Do you (*formal*) want to work in Germany?

_____

8. Does she want to drink that?

_____

5 ## Dates and meetings

Complete the sentences.

1. Ich muß schnell zu einer _____.

| Woche | Sitzung | Kalender |

2. Kann ich mal kurz _____?

| holen | tun | telefonieren |

3. Ich möchte einen Termin _____.

| aufstehen | sprechen | vereinbaren |

4. Haben Sie heute _____?

| krank | frei | gut |

5. Machen Sie doch einen _____.

| Vorschlag | Konferenz | Monat |

6. Treffen wir uns _____.

| Freitag | Feierabend | Büro |

7. Ich bin immer _____.

| geschlossen | alt | pünktlich |

6 Different wording, same meaning

Two of the sentences in each group have the same meaning; underline them.

1. a. Ich bin immer pünktlich.
   b. Ich muß immer zahlen.
   c. Ich komme nie zu spät.

2. a. Müssen Sie heute arbeiten?
   b. Möchten Sie heute arbeiten?
   c. Wollen Sie heute arbeiten?

3. a. Ich habe jetzt einen Termin.
   b. Ich habe jetzt frei.
   c. Ich habe jetzt Feierabend.

4. a. Das Büro ist am Sonntag zu.
   b. Das Büro ist am Sonnabend nicht offen.
   c. Das Büro ist am Samstag geschlossen.

5. a. Du kannst was für mich tun.
   b. Du kannst mir helfen.
   c. Du mußt was für mich tun.

7 The correct response

Choose the appropriate answers to complete the mini-dialogues below.

1. Ich möchte einen Termin vereinbaren.
   a. Gut, machen Sie einen Vorschlag.
   b. Das Museum ist Montag geschlossen.

2. Können wir uns am Freitag treffen?
   a. Oh, das ist schade.
   b. Oh, am Freitag kann ich leider nicht.

3. Und am Mittwoch?
   a. Ja, Mittwoch ist gut.
   b. Ja, das schmeckt.

4. Wo treffen wir uns?
   a. Um ein Uhr.
   b. In der Kneipe um die Ecke.

5. Ich muß jetzt gehen.
   a. Bis dann.
   b. Hallo!

8 **A portrait of Köln**

Review the *Wissenswert* section on page 32 of your course book. Then answer these questions about the city of Köln.

1. Name two things that describe Köln's geographic location.

   _____

2. Name three things for which Köln is known.

   _____

3. How did Köln get its name?

   _____

4. How long did the construction of the cathedral (Kölner Dom) take?

   _____

5. In what ways is Köln a center for business and industry?

   _____

9 **A puzzle**

The highlighted letters in responses 1–10 give you the keyword — a time to which people look forward.

1. formal meeting for discussion

2. useful for looking up dates

3. place to relax and have a drink

4. There is a little shop just around the ___.

5. It has twelve months.

6. It has around 4 weeks.

7. season of mist

8. The more you get on your birthday, the better.

9. Each day has 24 ___.

10. A million dollars is a lot of ___.

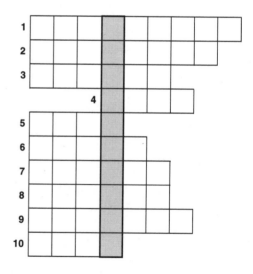

Keyword: ____ ____ ____ ____ ____ ____ ____ ____ ____ ____

UNIT
4
ICH FAHRE NACH AMSTERDAM

Objectives
- Filling out forms
- Knowing how to build compound words
- Using separable verbs
- Making travel plans

1 **The BahnCard Application**

Ms. Fricke (born 19.5.53) wants to buy a BahnCard. It will enable her to buy cheap railroad tickets. She wants the card to be valid starting (*gültig ab*) May 2. Fill in the application form for her.

Here are her details: Ms. Ursula Fricke, Breite Straße 65, 24014 Lübeck, phone: 0451/72345.

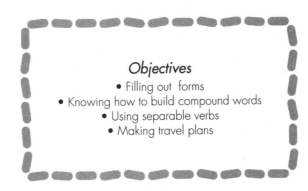

BahnCard Antrag

BannCard Bestellung für: ☐ Herrn   ☐ Frau

Nachname

Vorname   Tag Monat Jahr
                                           Geburtsdatum

Straße, Nr.

PLZ   Ort

Für eventuelle Rückfragen bitte angeben: Telefon-Vorwahl   Rufnummer

BahnCard Basiskarte	DM 220,– ☐	BahnCard für Junioren	DM 110,– ☐
BahnCard für Senioren	DM 110,– ☐	BahnCard für Teens	DM 50,– ☐
		BahnCard für Kinder	DM 50,– ☐

Die BahnCard soll gültig sein   Tag Monat Jahr

ab Erhalt der Karte ☐   oder ab: ⌞_____⌟
                                 Bitte gewünschtes Datum eintragen.

Für diese Karte möchte ich die angebotene
Reiseversicherung zu DM 23,– abschließen. ☐ Ja   ☐ Nein

2

One word out of two

Combine the words from column 1 with those from column 2 to create new compound nouns. Write each word you create on the lines provided. Be sure to include the correct article with each new word. You should come up with at least six compounds.

Example: Fahr + Karte = ___die Fahrkarte___

Fahr	Platz	_____
Bahn	Zentrum	_____
Fahr	Steig	_____
Reise	Land	_____
Aus	Bahnhof	_____
Haupt	Ausweis	_____
Fahr	Karte	___die Fahrkarte___

3

Zum or zur?

Fill in each blank with either *zum* or *zur,* depending on the noun used.

1. Wie komme ich _____ Zug?

2. Wie komme ich am besten _____ U-Bahn?

3. Wie komme ich _____ Markt?

4. Wie komme ich _____ Hauptbahnhof?

5. Wie komme ich am besten _____ Universitätsstraße?

6. Wie komme ich _____ Bahnsteig?

4 Breakfast on the train

Extra vocabulary: *die Konfitüre* = marmalade, jam

Study the menu and then decide which
breakfast you would order if you wanted:

1. to include sliced sausage and a yogurt.

   _____

2. to include a fruit juice.

   _____

3. a croissant with butter and jam and a
   cup of coffee.

   _____

4. to include coffee, a couple of rolls, butter, honey, but no yogurt or fruit juice.

   _____

And finally:

5. instead of tea or coffee, could you order a cup of hot chocolate with all three breakfasts?

   _____

Speisekarte
City-Frühstück
Croissant mit Butter und Konfitüre, große
Tasse Kaffee, Tee oder heißen Kakao
8,50 DM

Boulevard-Frühstück
Croissant und Brötchen, zwei Portionen
Butter, Schinken, Salami, und Käse, Konfitüre
und Honig, große Tasse Kaffee, Tee, oder
heißen Kakao
13,60 DM

Europa-Frühstück
Croissant und Brötchen, zwei Portionen
Butter, Konfitüre, Honig, Schinken, Salami,
und Käse, Orangensaft oder Tomatensaft,
Frucht- oder Naturjoghurt, große Tasse
Kaffee, Tee, oder heißen Kakao
16,20 DM

5 Travel questions using separable verbs

Complete the answers.

Example: Kommen Sie in Berlin an?

Ja, ich ____komme____ in Berlin ____an____.

1. Und Sie, wo kommen Sie an?

   Ich _____ auch in Berlin _____.

2. Und wann kommen Sie dort an?

   Ich _____ dort um 6:30 _____.

3. Wo steigt Michael ein?

   Michael _____ in Hannover _____.

4. Steigen wir in Hamburg um?

   Ja, wir _____ in Hamburg _____.

5. Und du? Steigst du in Bremen aus?

Nein, ich _____ in Hamburg _____ .

6. Und wer steigt in Bremen ein?

Hanna _____ in Bremen _____ .

7. Wo steigt Hanna um?

Hanna _____ in Köln _____ .

8. Wer steigt in Bonn aus?

Maria und Anja _____ in Bonn _____ .

6 | ## Separable verbs

Write a complete sentence (question or statement) in German using the correct form of the separable verb indicated in each situation:

1. (to transfer) Ich / am Markt

_____

2. (to get on) Wir / am Bahnhof

_____

3. (to get off) Ich / an der Uni / ?

_____

4. (to arrive) Wann / du / in Frankfurt / ?

_____

5. (to get off) Er / in Köln

_____

7   Travel connections: *Reiseverbindungen*

Study the printout and then decide which statements are true. Underline the correct statements.

Extra vocabulary: Ankunft = an; Abkunft = ab

```
Reiseverbindungen                    Unternehmen Zukunft
                                     Die Deutschen Bahnen

VON    Stuttgart Flughafen          Gültig am Dienstag, dem 19.12.95
NACH   Köln Hbf
ÜBER

BAHNHOF                    UHR    ZUG      BEMERKUNGEN
Stuttgart Flughafen     ab 14:31  S
  Stuttgart Hbf (tief)  an 14:58
  Stuttgart Hbf         ab 15:11  IC   118  Bitte reservieren, Zugrestaurant,
Köln Hbf                an 18:29            Zugang für Rollstuhlfahrer
Preis: 105,00/158,00 DM (2./1.Kl.), Dauer:   3:58 h
Über S*(KA/MZ)
```

1. The train is going
   a. from Stuttgart airport to Cologne main station.
   b. from Cologne main station to Stuttgart airport.

2. The schedule is valid for
   a. Thursday, December 19.
   b. Tuesday, December 19.

3. The train leaves the airport at
   a. 14:31.
   b. 14:58.

4. The train arrives at Stuttgart main station at
   a. 15:11.
   b. 14:58.

5. It gets into
   a. Cologne main station at 18:29.
   b. Stuttgart airport at 14:31.

8   Useful travel expressions

Complete each expression.

Fahrkarte	Amsterdam	zweiter	Reisezentrum
zurück	Fahrpläne	sechs	Sie
richtig	einfach	helfen	

1. Entschuldigen _____!

2. Wo ist das _____?

3. Wo sind die _____?

4. Können Sie mir _____?

5. Wo ist Bahnsteig _____?

6. Bin ich hier _____?

7. Wo bekomme ich eine _____?

8. Amsterdam, hin und _____.

9. Amsterdam bitte _____.

10. Ich will nach _____.

11. Erster Klasse oder _____?

9 More useful expressions

What would you say in German if you want to...

1. politely ask for help?

_____

2. tell someone to go to platform 15?

_____

3. know how to get to the train station?

_____

4. buy a round-trip ticket to Vienna?

_____

5. politely ask where the travel center is?

_____

5
WIE WAR'S?

Objectives
- Understanding times and appointments
- Recognizing seasons and special occasions
- Understanding the imperfect tense

1

A busy day

Compare the diary with the text below. Revise any incorrect statements in the text below using the information from the diary.

Am Vormittag hatte ich drei Besprechungen, um halb neun Uhr mit Frau Scheider, um zehn mit Herrn Maier, und um halb elf mit Frau Daniels. Ich hatte eine Stunde Mittagspause, von halb eins bis eins. Um halb zwei Uhr war ein Termin bei Herrn Macke, und von drei bis fünf war ich im Postraum. Um halb fünf hatte ich Feierabend. Von halb sechs bis sechs war ich am Telefon, und von sieben bis elf Uhr abends war ich mit Andreas im Café.

DATUM	
TERMINE	
8.30 Frau Scheider	13.30 Herr Macke
9.00	14.00
9.30 Herr Maier	14.30
10.00	15.00
10.30	15.30 Postraum 3-5
11.00	16.00
11.30 Frau Daniels	16.30
12.00	17.00 Feierabend
12.30 Mittagspause	17.30 Telefon
13.00	18.00
ABEND:	6–11 Andrea Café

2

Present and past

Rewrite the sentences so that they are in the other tense.

Example: Ich habe einen Termin

Ich hatte einen Termin.

1. Er hatte eine Besprechung.

_____

2. Wir sind in London.

_____

3. Sie ist in der Kneipe.

_____

4. Du hattest eine lange Mittagspause.

_____

5. Warst du in Amsterdam?

_____

6. Er war krank.

_____

7. Ihr seid pünktlich.

_____

8. Ich bin sauer.

_____

9. Wir hatten Ferien.

_____

10. Es war dringend.

_____

3   Forming the imperfect

Use the words given to write German sentences in the imperfect (past) tense. Use the correct forms of _haben_ or _sein_.

1. ihr / sein / in Konstanz

_____

2. wir / haben / einen Termin

_____

3. ich / sein / krank

_____

4. sein /Nico / in London / ?

_____

5. ich / haben /eine kurze Mittagspause

_____

6. sein / du / mit Hans im Café / ?

_____

7. wir / sein / sauer

_____

8. sein / die Fotos / pünktlich / ?

_____

9. Thomas und Heinrich Mann /sein / in Lübeck

_____

10. haben / Sie / einen Termin mit Herrn Weiß / ?

_____

4 A postcard

This is what Veronika wrote abut her last vacation. Study the text and complete the postcard she wrote to Carola during that vacation.

Meine letzten Ferien waren im September. Ich habe drei Wochen in Konstanz am Bodensee verbracht. Die Stadt war interessant und ich habe viele Fotos gemacht. Das Wetter war super. Es hat mir gut gefallen.

5 A portrait of Lübeck

Complete the text about Lübeck and find another old Hanseatic town. The letters in the highlighted boxes spell out the keyword.

1. Lübeck ist eine alte H ☐ ☐ ☐ ▨ ☐ ☐ ☐ t.

2. Lübecker M ☐ ▨ ☐ ☐ ☐ ☐ n schmeckt sehr gut.

3. In den Lübecker Cafés trifft man sich zu Kaffee und K ☐ ☐ ☐ ▨ n.

4. Thomas und Heinrich ▨ ☐ ☐ n sind in Lübeck geboren.

5. Viele Touristen gehen durch das H ☐ ☐ ☐ ☐ ☐ ▨ ☐ ☐ r in der Altstadt.

6. Lübeck liegt etwas 50 km von H ☐ ☐ ▨ ☐ ☐ g.

Keyword: ____ ____ ____ ____ ____ ____

6 Seasonal pairs

Put an X through the incompatible pairs.

1. Sommer Karneval	**4.** November Neujahr
2. Dezember Weihnachten	**5.** Ostern Frühjahr
3. Winter Pfingsten	**6.** Herbst Tag der Einheit

7   A message

Underline the correct statements. Rewrite the incorrect ones so that they are correct.

1. Um zwanzig nach zwei war ein Anruf.

   _____

2. Am Apparat war ein Herr Toller.

   _____

   _____

3. Der Anruf war für Herrn Kastor.

   _____

   _____

4. Herr Kastors Telefonnummer
   ist 23789.

   _____

   _____

5. Die Vorwahl von Herrn Toller ist 098.

   _____

   _____

6. Es war nicht dringend.

   _____

   _____

7. Frau Kastor muß Frau Toller schnell
   zurückrufen.

   _____

   _____

8. Der Anruf war am 19. März.

   _____

   _____

MITTEILUNG/MESSAGE

HERRN/FRAU/FRL.   ZIMMER
A.M.   *Kastor*   Chambre
TO M.   ROOM   *21*

                UHRZEIT
DATUM   *19. März*   Temps
DATE   TIME   *14.20*

WÄHREND IHRER ABWESENTHEIT
Pendant votre absence
DURING YOUR ABSENCE

HERRN/<u>FRAU</u>/FRL.
M. _____

VON
'DE   *Toller*
FROM _____ TEL. *089 23789*

RIEF SIE AN. Vous a téléphoné CALLED BY TEL.		ERBITTET IHREN ANRUF Veuillez lui téléphoner PLEASE CALL HIM/HER	✓
HAT VORGESPROCHEN Est venu vous voir CAME TO SEE YOU		WIRD WIEDER VORSPR. Retournera WILL RETURN	
MÖCHTE SIE TREFFEN Voudrait vous voir WANTS TO SEE YOU		DRINGEND URGENT	✓

MITTEILUNG
MESSAGE _____
_____
_____
_____

UNIT

6

DIE GEFÄLLT MIR GUT

··

Objectives
- Expressing likes and dislikes
- Reviewing the correct usage of the modal verb *mögen*
- Understanding German shopping hours

1 **Buying a shirt**

Order the cartoons into the correct sequence. Cartoon 2 is already in its correct place.

1. ____

2. _2_

3. ____

4. ____

2   Likes and dislikes

Write complete sentences. Follow the examples given.

Examples: Dieser Video gefällt mir.

           Diese Vasen gefallen mir nicht.

1. _____

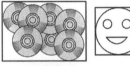 

2. _____

3. _____

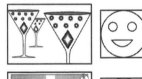

4. _____

5. _____

6. _____

3   How do you like it?

Fill in each blank with either *gefällt* or *gefallen*.

1. Wie _____ Ihnen das Geschenk?

2. Dieses Hemd _____ mir nicht.

3. Wie _____ Ihnen die Hemden?

4. Dieses Armband _____ mir besser.

5. _____ Ihnen diese Fotos?

4 **Likes only**

Rewrite each sentence using a form of the verb *mögen*.

Example: Ich esse gerne Käse.

Ich mag Käse.

1. Wir essen gerne Fisch.

2. Hörst du gerne Popmusik?

3. Er trinkt gerne Kaffee.

4. Sie lernen gerne Deutsch.

5. Andrea kauft gerne Broschen.

6. Eßt ihr gerne Pizzas?

7. Sie hört gerne Jazz.

8. Anna und Nico trinken gerne Wein.

9. Wohnen Sie gerne in Köln?

5   Pen pals

Who might go with whom? They should have at least two things in common.

Answer: Wanda goes with _____. _____ goes with

_____, and _____ could be friends with _____.

6   *Mag* or *möchte?*

Use the German words from the wordbox to translate the English sentences.

du	~~möchte~~	dieses Hemd	etwas essen	möchtest	möchte
~~Ich~~	sie	du	den Film	wir	Popmusik
mag	er	Sie	möchten	möchten	~~eine Tasse Tee~~
Kaffee	magst	wir	die CD	mögen	das Armband

Example: I'd like a cup of tea.

   Ich möchte eine Tasse Tee.

1. We want to eat something. _____

2. You [familiar] like pop music. _____

3. He likes coffee. _____

4. She wants the CD. _____

5. You [familiar] want the bracelet. _____

6. You [polite] want this shirt. _____

7. We like the film. _____

7 **Modal verbs**

Fill in the correct form of *mögen*.

1. _____ du klassische Musik?   **4.** _____ ihr diese CD?

2. Er _____ den Film.   **5.** Ich _____ diese Musik.

3. Wir _____ dieses Kaufhaus.   **6.** _____ Sie diese Fotos?

8 **Different wording, same meaning**

In each group, cross out the sentence that does not belong.

1. a. Mir gefällt klassische Musik besser.   **3. a.** Diese Hemden gefallen mir nicht.
   b. Ich finde klassische Musik gut.   **b.** Diese Hemden mag ich lieber.
   c. Klassische Musik gefällt mir gut.   **c.** Diese Hemden mag ich nicht.

2. a. Ich höre gerne Popmusik.   **4. a.** Ich möchte gerne eine CD.
   b. Ich mag Popmusik.   **b.** Ich mag diese CD.
   c. Ich höre lieber Popmusik.   **c.** Ich will gerne eine CD kaufen.

9 **Shopping hours**

Review the *Wissenswert!* section on page 44 of your course book. Then provide the following information.

1. List at least three things related to shopping and shopping hours in your hometown that are different from shopping in Germany.

_____

_____

_____

2. What is a *langer Samstag?* _____

_____

3. In what way and by whom can changes be made in the existing *Ladenschlußgesetz?*

_____

_____

UNIT

7

ICH MÖCHTE GELD ABHOLEN

···

Objectives
- Practicing possessive adjectives
- Using numbers from 101–999
- Asking people to do something
- Understanding banking terms

1　At the bank

Which phrases make sense?

1. Ich möchte mit Scheck
   a. bezahlen.
   b. abholen.

2. Darf ich Ihren Ausweis
   a. kaufen?
   b. sehen?

3. Kann ich hier ein Konto
   a. eröffnen?
   b. schaffen.

4. Ich habe amerikanisches Geld
   a. bestellt.
   b. gefallen.

In which pictures can you spot the following objects?

ein Hemd ____

eine Scheckkarte ____

Bargeld ____

ein kleines Kind ____

ein Weinglas ____

eine Zwiebel ____

ein Brötchen ____

ein Scheckbuch ____

53

2 **Twin figures**

The number 671 can be read in four different ways: *sechs sieben eins, sechshunderteinundsiebzig, sechs einundsiebzig,* or *siebenundsechzig eins.* Match the words in Column 1 with those in Column 2 that refer to identical numbers. One has been done for you.

1. zwei acht sieben   **a.** zweihundertsechsundachtzig

2. achtundzwanzig sechs   **b.** fünfhundertneunundneunzig

3. vierundfünfzig null   **c.** zwei siebenundachtzig

4. einundsiebzig vier   **d.** sechsundachtzig fünf

5. neunundfünfzig neun   **e.** fünfhundertvierzig

6. acht fünfundsechzig   **f.** siebenhundertvierzehn

7. vierhundertsiebzig   **g.** neun drei acht

8. neunhundertachtunddreißig   **h.** vier sieben null

3 **Numbers from 101-999**

Fill in each blank with the next number in the sequence. An example has been done for you.

Example: vierhundertsieben, vierhundertacht, _____409_____

1. einhundertsechs, einhundertacht, _____

2. fünfhundertzweiundzwanzig, fünfhundertdreiundzwanzig, _____

3. neunhundertsechs, neunhundertvier, _____

4. zweihundert, dreihundert, _____

5. siebenhundertelf, siebenhundertacht, _____

6. sechshundertzwanzig, sechshundertachtzehn, _____

7. dreihundertsiebenunddreißig, dreihundertsechsunddreißig, _____

4

A dialogue at the bank

Fill in the blanks in the dialogue. Read the summary first.

Marco möchte sein Geld abholen. Seine Kontonummer ist 2367531. Das ist sein Konto. Er hat seinen Ausweis dabei. Seine Scheckkarte ist auch hier.

1. *BANKANGESTELLTE:* Möchten Sie Ihr Geld abholen?

　　　　MARCO: Ja, ich ＿＿＿＿＿＿＿＿＿.

2. *BANKANGESTELLTE:* Wie ist Ihre Kontonummer?

　　　　MARCO: ＿＿＿＿＿＿＿＿＿.

3. *BANKANGESTELLTE:* Ist das Ihr Konto?

　　　　MARCO: Ja, ＿＿＿＿＿＿＿＿＿.

4. *BANKANGESTELLTE:* Haben Sie Ihren Ausweis dabei?

　　　　MARCO: Ja, ich ＿＿＿＿＿＿＿＿＿.

5. *BANKANGESTELLTE:* Und wo ist Ihre Scheckkarte?

　　　　MARCO: ＿＿＿＿＿＿＿＿＿ ist hier.

5

Mine and yours

Write the appropriate German statement or question for each of the following situations.

1. You tell the teller you would like to withdraw your money.

　Ich ＿＿＿＿＿＿＿＿＿＿＿＿＿＿＿＿＿＿＿＿＿＿＿＿＿

2. The teller asks you what your account number is.

　＿＿＿＿＿＿＿＿＿＿＿＿＿＿＿＿＿＿＿＿＿＿＿＿＿

3. You tell the teller that your account number is 2367531.

　＿＿＿＿＿＿＿＿＿＿＿＿＿＿＿＿＿＿＿＿＿＿＿＿＿

4. The teller asks if you have your I.D.

　＿＿＿＿＿＿＿＿＿＿＿＿＿＿＿＿＿＿＿＿＿＿＿＿＿

5. You tell the teller no, but you have your check card.

　＿＿＿＿＿＿＿＿＿＿＿＿＿＿＿＿＿＿＿＿＿＿＿＿＿

6. The teller asks to see your check card.

　＿＿＿＿＿＿＿＿＿＿＿＿＿＿＿＿＿＿＿＿＿＿＿＿＿

6 Practicing banking terms

Connect the words and add their correct articles.
One has already been done for you. Remember
that the gender of a compound word is determined
by the gender of the last constituent word. So
Wechselkurs is masculine because it is *der Kurs*.

Example: der Wechselkurs

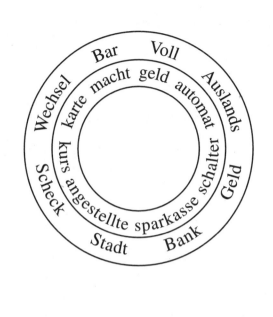

_____   _____

_____   _____

_____   _____

_____   _____

_____   _____

7 Questions and answers

Complete the short dialogues.

Example: Können Sie mir helfen?

Ja, natürlich <u>kann ich Ihnen helfen.</u> _____

1. _____ _____ _____ sagen, wo Nico ist?

   Ja, natürlich kann ich Ihnen sagen, wo Nico ist.

2. Können Sie mir einen Gefallen tun?

   Ja, natürlich _____ _____ _____ einen Gefallen tun.

3. Gefällt Ihnen die Brosche?

   Ja, natürlich _____ _____ die Brosche.

4. _____ _____ _____ das Geld holen?

   Ja, natürlich kann ich Ihnen das Geld holen.

5. Bekomme ich das Geld von Ihnen?

   Ja, natürlich bekommen Sie das Geld _____ _____ .

8 Currencies

Fill in the blanks.

1. In Österreich hat der _____ hundert _____.

2. Eine deutsche _____ hat hundert _____.

3. In der Schweiz hat ein _____ hundert _____.

9 More banking

What would you say if you wanted to

1. draw 300 marks out of your account?
   a. Ich möchte 300 Mark abheben.
   b. Ich möchte 300 Mark einzahlen.
   c. Ich möchte 300 Mark abholen.

2. ask someone a favor?
   a. Ich hoffe, es gefällt Ihnen hier.
   b. Tun Sie mir einen Gefallen?
   c. Können sie mir eine Vollmacht geben?

3. change some money?
   a. Ich habe kein Geld.
   b. Ich möchte Geld umtauschen.
   c. Ich möchte bitte zahlen.

4. find out the exchange rate for travelers checks?
   a. Was ist der Kurs für Traveller Schecks?
   b. Ich möchte ein Konto eröffnen.
   c. Ich möchte Traveller Schecks kaufen.

5. pay in cash?
   a. Ich möchte an der Bar bezahlen.
   b. Ich möchte mit Scheck bezahlen.
   c. Ich möchte mit Bargeld bezahlen.

10 Shopping spree

You want to pay for these goods with a check. Write the amounts in words on the lines below.

① Videogerät nur 469.–
② HiFi Mini-System 335.–
③ Kamera-Topmodell 777.–
④ Notebook 999.–
⑤ Kaschmir Pullover 228.–
⑥ 25 Cds nur 249.–
⑦ Neues Handy-Mobiltelefon 185.–

1. _____
2. _____
3. _____
4. _____
5. _____
6. _____
7. _____

UNIT

8

ICH HABE KEINE WOHNUNG MEHR

Objectives
- Describing your family
- Reporting events that have happened
- Using perfect and present tense verbs
- Recognizing public holidays

1

The family Stade

Look at this family and then fill in the blanks on the next page with words from the word box.

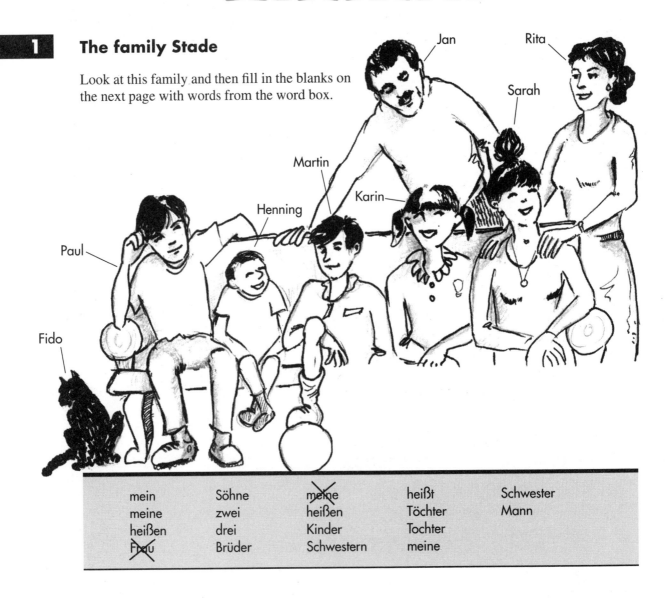

mein	Söhne	~~meine~~	heißt	Schwester
meine	zwei	heißen	Töchter	Mann
heißen	drei	Kinder	Tochter	
~~Frau~~	Brüder	Schwestern	meine	

58

Example: JAN: Das ist Rita, _____meine_____ _____Frau._____

1. RITA: Und das ist _____ _____.

   Er _____ Jan.

2. PAUL: Ich habe _____ _____.

   Sie _____ Karin und Sarah.

3. KARIN: Das sind _____ _____ _____.

   Sie _____ Paul, Henning und Martin.

4. RITA: Hier ist _____ _____ Karin.

   Ihre _____ heißt Sarah.

5. JAN: Ich habe fünf _____, drei _____

   und zwei _____.

2 Vacationing in Austria

Angelika has to write an essay about her vacation in Austria. She has already started. Try and finish the essay for her. Study the postcard first.

Liebe Elke,
Viele Grüße aus unserem Urlaub in Österreich.
Mein Vater spielt Tennis, meine Mutter macht
lange Wanderungen, und meine Schwester
und ich essen jeden Tag Bonbons. Aber meine
Brüder haben keinen Spaß. Mein kleiner
Bruder lacht nicht. Er lernt immer nur
französisch und telefoniert jeden Abend mit
seiner Freundin in Paris. Mein großer Bruder hat
Probleme mit seiner Bank und arbeitet von
mittags bis mitternachts in einem Restaurant.
                Viele Grüße   Angelika

Im Urlaub haben wir Österreich besucht. Mein Vater _____ viel Tennis

_____, meine Mutter _____ lange Wanderungen _____

und meine Schwester und ich _____ jeden Tag Bonbons _____. Aber

meine Brüder _____ keinen Spaß _____. Mein kleiner Bruder

_____ nicht _____. Er _____ immer nur französisch

_____ und _____ jeden Abend mit seiner Freundin in Paris

_____. Mein großer Bruder _____ Probleme mit seiner Bank

_____ und _____ von mittags bis mitternachts in einem Restaurant

_____.

3 **Competitive lifestyles**

Complete the sentences— all of them in the present tense.

Example: Wir haben gestern Geschenke gekauft, und ich _____kaufe_____ heute Geschenke!

1. Nina hat gestern Jazz gespielt, und Nico _____ heute Jazz!

2. Fritz und Tim haben gestern Englisch gelernt, und Felix und Tina _____ heute Englisch!

3. Wir haben gestern eine Oper gehört, und ich _____ heute eine Oper!

4. Ich habe gestern viel Spaß gehabt, und wir _____ heute viel Spaß!

5. Hanna hat gestern ihre Freundin besucht, und Kerstin _____ heute ihre Freundin!

6. Wir sind gestern viel gewandert, und ich _____ heute viel!

7. Anne hat gestern mit ihrer Mutter telefoniert, und Steffi _____ heute mit ihrer Mutter!

4 **Announcements**

Answer the questions about the announcements.

WIR HEIRATEN

Kornelia
Fodor

Thomas
Edelmann

heute in Stuttgart-Bad Cannstatt

Hallo
Mein Name ist

P.O.M.

Patrick-Oliver Moll

Dank Michi und Jutta
habe ich's geschafft,
ein Christkind zu werden.

1. What is the baby's first name? _____

2. And the nickname? _____

3. What is the bridegroom's first name? _____

4. And the bride's? _____

5. Where are they getting married? _____

6. And when? _____

5 Nico's journal

Fill in the correct present perfect forms of the verbs from the word box in the sentences below.

telefonieren	lernen	kaufen	arbeiten	besuchen
machen	verkaufen	spielen	lachen	hören

1. Nico _____ viel Musik _____. (listen to)

2. Er _____ auch mit Anna _____. (talk on the phone)

3. Beide _____ nicht _____. (work)

4. Sie _____ lieber Tennis _____. (play)

5. Anna _____ auch Englisch _____. (study)

6. Nico _____ sein Fahrrad _____. (sell)

7. Zu Hause _____ sie ihre Arbeiten _____. (do)

8. Nico _____ seinen Bruder _____. (visit)

9. Sie _____ beide viel _____. (laugh)

10. Anna _____ für Nico ein T-shirt _____. (buy)

6 Puzzle

The first letters of words 1–9 will give you the name of a town. (*Clue:* it's the town in which the German car manufacturer VW started its first factory.)

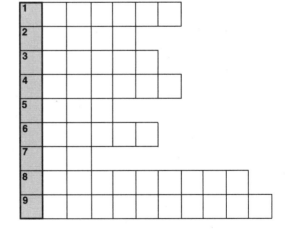

1. Nico sucht eine __. (*place in which to live*)

2. Heute ist das Museum __. (*not closed*)

3. __ ist die Hauptstadt von Großbritannien. (*name of city*)

4. Stephanie spielt gerne __. (*many people's favorite sport*)

5. In Österreich haben wir viel __ gehabt. (*fun and good times*)

6. Nico hat zwei __. (*male siblings*)

7. Es ist gleich fünf __ zwanzig. (*necessary to tell the time*)

8. Nehmen wir die __ in die erste Etage. (*lazy locomotion*)

9. Anna fragt Nico: hast du __? (*playmates and irritants*)

Keyword: ____ ____ ____ ____ ____ ____ ____ ____ ____

7 German holidays

Match each date on the right with its holiday.

1. Zweiter Weihnachtstag   a. erster Mai

2. Pfingsten   b. fünfundzwanzigster Dezember

3. Tag der Deutschen Einheit   c. erster Januar

4. Tag der Arbeit   d. elfter Juni zweitausend

5. Erster Weihnachtstag   e. dreißigster März neunzehnhundertsiebenundneunzig

6. Himmelfahrt   f. sechsundzwanzigster Dezember

7. Neujahr   g. dreizehnter Mai neunundneunzig

8. Ostern   h. dritter Oktober

UNIT

9

ZIMMER ZU VERMIETEN

....

Objectives
- Discussing family relationships
- Practicing the perfect tense
- Understanding and using dates
- Using classified ads to find housing

1

Reading advertisements

Various people are looking for a place to live. Can all of them be fixed up? Study the ads.

Extra vocabulary:

die Katze	cat
der Raum	area, space (room)
der Hund	dog
das Herz	heart
die Wohngemeinschaft	apartment share/roommates
der Traum (träumen)	dream (to dream)
der Apfelbaum	apple tree
das Haustier	pet
nette Mieter	nice tenants

e
Häuschen mit Garten am Waldsee, nur für Träumer —
Tel. 0731/21411

2
3-Zimmer-Wohnung oder kleines Haus in Wangen gesucht. Unser Hund muß bei uns (2 Personen) bleiben können. Haben Sie ein Herz? 2003

1 Familie
mit 2 Kindern (1 Jahr und 4 Jahre) und Katze sucht dringend Haus oder 4-Zimmer-Wohnung in Raum Lindau.
Tel. 08382/2356

3
Wohngemeinschaft sucht 4-Zi.- Wohnung im Raum Wasserburg.
Tel. 0751/43562

4
ICH TRÄUME EINEN TRAUM — vom kleinen Haus mit Garten und Apfelbaum am See. Haben Sie diesen Traum zu vermieten? Dann rufen Sie an:
Tel. 07527/2001

a
1/2-Zimmer-Wohnung Raum Lindau zu vermieten. Keine Kinder. Tel. 07654/ 21

b
Nette Mieter gesucht! Für 5-Zimmer-Wohnung, Raum Wasserburg. Tel. 07542/3428

d
Raum Lindau: Haus zu vermieten! Tel. 07563/4560

c
Wangen: Dreizimmer-Wohnung, keine Haustiere. Tel. 07584/21346

Possible matches: _____

2   Room search

Marco wants to find a room. Reconstruct his part of the dialogue with Herr Moll.
Follow the example.

Extra vocabulary: *qm = quadrat meter*

Example: MARCO: Ich rufe wegen des Zimmers an.   *Ist das Zimmer noch frei?*

1. HERR MOLL: Ja, es ist noch frei. Ist das Zimmer für Sie?

     MARCO: Ja, für mich. _____?

2. HERR MOLL: Ziemlich groß, dreißig qm.

     MARCO: Und _____?

3. HERR MOLL: Das Zimmer kostet achthundert DM.

     MARCO: Aha! Ist das _____ oder _____?

4. HERR MOLL: Das Zimmer ist warm.

     MARCO: _____?

5. HERR MOLL: Sie können das Zimmer heute abend um halb acht sehen.

     MARCO: Und _____?

6. HERR MOLL: Meine Adresse ist Marktstraße 10.

     MARCO: _____?

     HERR MOLL: Ja, das ist im Zentrum.

3   Terms

Write the English translations of these German terms.

1. kalt _____

2. zu vermieten _____

3. qm _____

4. im ersten Stock _____

5. warm _____

4   *Sein* or *haben?*

To form the past tense, some verbs use *sein,* others use *haben.* Complete the sentences below. All the verb forms you need are in the box.

ist	hat	bist	haben	haben
sind	habe	ist	bin	

1. Ich _____ am zweiten Mai geboren.

2. Wir _____ mit Anne gesprochen.

3. _____ du nach Berlin gefahren?

4. Er _____ ins Theater gegangen.

5. Ich _____ den Film gesehen.

6. Wir _____ mit dem Bus gereist.

7. Hans _____ in der Stadt groß geworden.

8. Nico _____ eine Wohnung gesucht.

9. _____ Sie Zeit gehabt?

5   **In the past**

Write the German for each sentence. Use *sein* or *haben* in the perfect tense.

1. We saw the movie. _____

2. I grew up in Berlin. _____

3. He was born on the third of June. _____

4. Did you (*familiar*) travel to Dortmund? _____

5. Did she have time? _____

6 Different words, same meaning

Draw lines to connect the sentences with the same meaning.

1. Wo bist du geboren?

2. Wo bist du aufgewachsen?

3. Wann ist dein Geburtstag?

4. Wo sind deine Geschwister?

5. Wie ist Ihre Adresse?

6. Wann bist du zu Hause?

a. Wann bist du daheim?

b. Wo sind deine Brüder und Schwestern?

c. Wo bist du groß geworden?

d. Wo ist dein Geburtsort?

e. Wann bist du geboren?

f. Wo wohnen Sie?

7 Personal information

Study Marika's details. Then answer the questions using complete sentences.

1. Wie heißt du?

   Ich heiße _____.

2. Wie alt bist du?

   Ich _____.

3. Wo bist du geboren?

   _____

4. Und wann bist du geboren?

   _____

5. Bist du in der Stadt aufgewachsen?

   _____

6. Und wie bist du zur Schule gekommen?

   _____

7. Hast du Brüder oder Schwestern?

   _____

8. Wie heißen sie?

   _____

9. Und wie alt sind sie?

   _____

Name: Marika Mai

Alter: 24

Geburtstag: 3. Juni

Geburtsort: München

Geschwister: Jürgen (19), Martin (23)

aufgewachsen in: Pfärrich (Dorf)

Schule: Wangen (Kleinstadt)

wie: Bus

UNIT
10
ICH ZEIG' IHNEN MAL DAS HAUS

Objectives
- Describing your home
- Asking others about their accommodations
- Learning how to find a place to live
- Using exclamations

1 **Which rooms?**

Look at the pictures and then write in the words for the appropriate places.

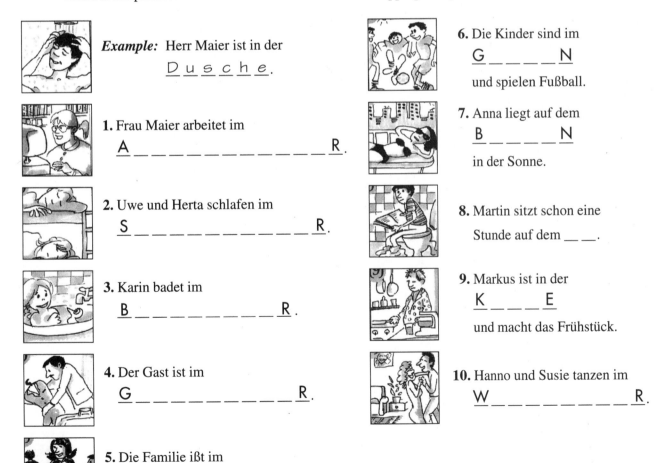

Example: Herr Maier ist in der
<u>D u s c h e</u>.

1. Frau Maier arbeitet im
   A _ _ _ _ _ _ _ _ _ _ _ R.

2. Uwe und Herta schlafen im
   S _ _ _ _ _ _ _ _ _ _ R.

3. Karin badet im
   B _ _ _ _ _ _ R.

4. Der Gast ist im
   G _ _ _ _ _ _ _ _ R.

5. Die Familie ißt im
   E _ _ _ _ _ R.

6. Die Kinder sind im
   G _ _ _ N
   und spielen Fußball.

7. Anna liegt auf dem
   B _ _ _ N
   in der Sonne.

8. Martin sitzt schon eine
   Stunde auf dem _ _.

9. Markus ist in der
   K _ _ _ E
   und macht das Frühstück.

10. Hanno und Susie tanzen im
    W _ _ _ _ _ _ _ R.

67

2   Where do you live?

Hans is interviewing Julia, Richard, Anna, and Boris about the places in which they live. Study the brief summaries, then answer the questions for them. Try to write in complete sentences.

Julia has a small single-family house with a garden.

Boris owns an apartment. It has a balcony.

Richard and Anna live in a rented apartment. It has 1 bedroom, 1 living room, 1 workroom/den, a kitchen, and a bathroom. The rent is 1200 DM a month including heat.

1. Julia

    a. *HANS:*   Haben Sie ein Haus oder eine Wohnung?

      JULIA: Ich _____.

    b. *HANS:*   Ist es ein Einfamilienhaus oder ein Doppelhaus?

      JULIA: _____.

    c. *HANS:*   Und haben Sie auch einen Garten?

      JULIA: _____.

2. Richard and Anna

    a. *HANS:*   Haben Sie ein Haus oder eine Wohnung?

      R + A: Wir _____.

    b. *HANS:*   Ist das eine Mietwohnung?

      R + A: _____.

    c. *HANS:*   Wie viele Zimmer haben Sie?

      R + A: _____.

    d. *HANS:*   Haben Sie auch einen Balkon?

      R + A: _____.

3. Boris

    a. *HANS:*   Haben Sie ein Haus, ein Apartment oder eine Wohnung?

      BORIS: _____.

    b. *HANS:*   Und ist das Apartment gemietet oder gekauft?

      BORIS: _____.

    c. *HANS:*   Haben Sie auch einen Balkon?

      BORIS: _____.

3   Where in the house?

Write German sentences that match the logical room with the activity. Use the cues given. Choose from the list of rooms in the box.

Arbeitszimmer Schlafzimmer	Badezimmer Wohnzimmer	Eßzimmer Küche

1. ich / machen / das Frühstück / in der

_____

2. wir / essen / im

_____

3. er / baden / im

_____

4. sie / schlafen / im

_____

5. er / arbeiten / im

_____

6. sie / sitzen / und / sprechen / im

_____

4   Rent or buy?

Review the *Wissenswert!* section on page 62 of the course book. Then answer the questions. Answer in English.

1. What are two reasons that most Germans rent rather than own their own homes?

_____

2. Which of the countries listed has the highest rate of home ownership? The lowest?

_____

5   Adjectives and exclamations

Turn each sentence into an exclamation.

Examples:

Die Küche ist klein.   → Welch eine kleine Küche! _____

Der Balkon ist schön.   → Welch ein schöner Balkon! _____

Das Wohnzimmer ist groß.   → Welch ein großes Wohnzimmer! _____

1. Der Garten ist groß.   → Welch ein _____!

2. Das Zimmer ist klein.   → Welch ein _____!

3. Die Dusche ist heiß.   → Welch eine _____!

4. Das Haus ist billig.   → Welch ein _____!

5. Das Bad ist kalt.   → Welch ein _____!

6. Die Wohnung ist schön.   → Welch eine _____!

6   Reading the ads

Part A

Study the ads. Find the German equivalents for the words and phrases that appear on page 71.

Frisch vom Bauernhof
Äpfel (8 Sorten), Birnen, Kartof-feln, frische Landeier sowie versch. Schnäpse (auch in dekorativen Geschenkflaschen). Fam. Josef Baumann, Unterwagenbach 1, 88285 Bodnegg, Tel. 07520/2723

OBST UND GEMÜSE
Dom. Rep. Ananas   Stück **3.99**
Italienische Endivien Hkl. I   Stück **1.29**
Ital. Moro Orangen Hkl. II   2-kg-Netz **2.99**
Holländischer Chicoree Hkl. I   Kilo **3.99**
KW 52 Irrtum vo
Ravensburg Gänsbühl 2 (it

Waschmaschine
AEG   DM 290.–
Tel. 07563.1793

Kartenlegen Handlesen
Tel. 07305/3794

Wir machen Urlaub
vom 24.12. bis 03.01.
Dieter Schwendinger Vollkornbäckerei

18.05 Arabische Skizzen. Eine Reise von Abu Dhabi ins Sultanat Oman
18.50 Heinz Rühmann liest Der Wolf und die sieben Geißlein
19.00 heute; anschl. Wetter (VP
19.20 Inter-City spezial. Mosk präsentiert von Slava S
19.50 Notizen aus dem Aust
20.00 Tagesschau

Ferienwohnung im Bregenzerwald
bis 6 Personen von 22.12.-1.1 noch frei. Tel 0043/5579/4016 abends

SPEZIALIST FÜR 6000
Individuelle Ferienhäuser
FRANKREICH Inkl. KORSIKA
SPANIEN • ITALIEN • PORTUGAL
GRIECHENLAND • DÄNEMARK • SCHWEDEN
NORWEGEN • UNGARN • TSCHECHIEN
SLOWAKEI • FLORIDA • KALIFORNIEN
CHERDO ARMORIC 0 69/5481122

Fahrschule Günther Krause wünscht allen Fahrschülern Frohe Weihnachten und einen Guten Rutsch ins Neue Jahr!

Wer strickt mir einen Pullover? Tel. 0751/65188
Hilfe, noch kein Weihnachtsgeschenk!!!
Keine Panik–wir haben etwas für Sie. Zwei Eintrittskarten für Musical „Miss Saigon" in Stuttgart am 26.04.96, Preis/St. DM 140,– Tel. ab 19 Uhr 07529/2760

Kühlschrank
1501   DM 150.–
Tel. 07563/1793

1. no Christmas present _____   9. Merry Christmas! _____

2. refrigerator _____   _____

3. fruit and vegetables _____   10. washing machine _____

4. fresh from the farm _____   11. Arabian sketches _____

5. We are going on vacation. _____   12. palmistry _____

_____   13. 8 varieties _____

6. individual vacation homes _____   14. no panic _____

_____   15. fresh country eggs _____

7. Who (will) knit me a sweater? _____   16. vacation apartment _____

_____   17. Help! _____

8. driving school _____

Part B

Now cover up the ads and see if you can remember how to say:

Merry Christmas! _____

We are going on vacation. _____

vacation apartment _____

no panic _____

Help! _____

washing machine _____

fresh country eggs _____

Christmas present _____

driving school _____

UNIT
11
WAREN SIE SCHON IN AMSTERDAM?

Objectives
- Asking questions
- Reviewing telephone terms
- Describing past events and activities
- Practicing adjective endings

1 Asking questions

Karin wants to know all about Hans. Complete her questions; use all the words from the box.

wie	warum	wo	wie
wann	wie	wie	was
wieviel/e	wie	wohin	woher

1. _____ kommst du?

   Ich komme aus Bremen.

2. _____ fährst du?

   Ich fahre nach Berlin.

3. Und _____ reist du nach Berlin?

   Ich reise mit der Bahn.

4. Aha, _____ kommst du zum Bahnhof?

   Mit dem Taxi.

5. Und _____ bestellst du das Taxi?

   Ich rufe die Taxizentrale an.

6. _____ fährst du ab?

   Um 12.30 Uhr.

7. _____ lange dauert die Reise?

   Ich weiß nicht. Vier bis fünf Stunden.

8. _____ Tage bleibst du in Berlin?

   Ich bleibe eine Woche.

9. Oh! So lange! Und _____ fährst du denn nach Berlin?

   Weil ich dort eine Freundin habe.

10. Aha. Und _____ wohnst du in Berlin?

    Bei meiner Freundin.

11. Oh! _____ heißt deine Freundin?

    Sie heißt Anja.

12. Und _____ ist sie von Beruf?

    Von Beruf ist sie Stewardess.

2 **Change of plans**

Dieter wants to relax on the island of Rügen and has jotted down his plans on his notepad. But when he arrives, things turn out a little differently. Study his letter to Doris and compare it to his original plan. Underline the differences on the letter. Then compose the letter Dieter would have written to Doris had he stuck to his plans.

Ich möchte das nächste Wochenende auf Rügen verbringen. Von Freitag auf Samstag wohne ich bei einem Freund. Am Samstagmorgen möchte ich eine lange Wanderung mit ihm machen. Samstagnacht will ich zelten. Den Sonntagmorgen möchte ich in einem Café verbringen, Tee trinken und lange frühstücken. Am Nachmittag fahre ich dann auf Rügen umher und schaue mir die Landschaft an. Und am Montag muß ich wieder zurück zur Arbeit!!!!

Liebe Doris,

Ich habe die ganze Woche auf Rügen verbracht. Die ersten drei Tage habe ich bei einem Freund gewohnt und bin mit ihm auf der Insel umhergewandert. Die letzten drei Tage habe ich in einem Hotel geschlafen. Dort habe ich mir jeden Morgen ein großes Frühstück bestellt, und an den Nachmittagen bin ich auf Rügen umhergefahren und habe mir die Landschaft angeschaut. Am Montag bin ich dann wieder zur Arbeit zurückgekommen.

Viele liebe Grüße

Dieter

Ich habe das Wochenende in Rügen verbracht.

3 ## Hidden objects

Start a word search. you may go either across, down, or diagonally. Altogether you should find five objects — all keywords from Unit 11.

```
P   T   A   S   S   E
N   A   R   G   Z   E
O   S   K   H   E   L
P   C   H   E   L   J
X   H   N   M   T   V
G   E   L   D   R   I
```

4 ## A day in München

Match the phrases to build complete sentences that tell what happened.

1. Letzte Woche   a. sie aber schon besucht.

2. Dort hat er sich   b. nicht viel Zeit gehabt.

3. Sie sind in   c. ist er in München gewesen.

4. Zuerst hat er ihr   d. war dieser Nachmittag!

5. Sie hat sich   e. mit seiner Freundin getroffen.

6. Leider haben sie   f. wieder zur Arbeit gegangen.

7. Den Olympiaturm haben   g. ein Café gegangen.

8. Dann sind sie noch   h. Tee bestellt.

9. Ach wie schön   i. einen Kuß gegeben.

10. Am nächsten Tag ist er   j. in der Stadt herumgelaufen.

5   More questions using adjective endings

Melina is asking Karin about her vacation. Make up her questions.

Examples: War das ein großes Hotel?

Ja, das Hotel war groß.

War das ein schöner Urlaub?

Ja, der Urlaub war schön.

1. _____

Ja, die Reise war lang.

2. _____

Ja, der Zug war schnell.

3. _____

Ja, die Landschaft war schön.

4. _____

Ja, das Hotel war billig.

5. _____

Ja, das Zimmer war nett.

6. _____

Ja, das Essen war gut.

7. _____

Ja, der Service war toll.

6   Word order in sentences

Unscramble the following sentences.

1. ein / Sie / bestellen / Taxi / bitte / mir

_____

2. möchten / denn / Sie / wohin / fahren / heute / ?

_____

3. ist / schön / Rügen / Landschaft / die / in

_____

4. der / er / in / ein / trinkt / Bier / Glas / Kneipe

_____

5. die / warum / dir / klassische / nicht / gefällt / Musik / ?

_____

7 **Lie detector**

Paul is being queried by Interpol about a mysterious trip. He is not altogether honest about his trip. Compare the interview with the details noted down by Interpol. Find Paul's lies and correct his statements where necessary.

Paul went to Munich
yesterday. He took the 8.55am
bus and got there at 10.05am.
He'd never been there before.
Took taxi to Oktoberfest
where he met up with
young woman.
– Gave her small parcel &
she gave him a kiss.
– They went into one of the
big beer tents, drank lots
of beer & had good time.

1. *INSPEKTOR:* Waren Sie in München?

   PAUL: Ja.

2. *INSPEKTOR:* Und wann genau?

   PAUL: Letzte Woche.

3. *INSPEKTOR:* Sind Sie mit der Bahn gefahren?

   PAUL: Ja.

4. *INSPEKTOR:* Und wann genau?

   PAUL: Ich bin um fünf vor neun abgefahren.

5. *INSPEKTOR:* Morgens oder abends?

   PAUL: Abends.

6. *INSPEKTOR:* Und was haben Sie dann gemacht?

   PAUL: Ich habe das Oktoberfest besucht.

7. *INSPEKTOR:* Wie sind Sie dorthin gekommen?

   PAUL: Mit dem Bus.

8. *INSPEKTOR:* Aha! Und dann?

   PAUL: Dann habe ich mich mit einer Freundin getroffen.

9. *INSPEKTOR:* Und?

   PAUL: Ich habe ihr einen Kuß gegeben.

10. *INSPEKTOR:* Waren Sie auch in einem Bierzelt?

    PAUL: Ja, wir sind in ein kleines Bierzelt gegangen, aber wir haben kein Bier getrunken. Wir haben nicht viel Spaß gehabt — leider ...

11. *INSPEKTOR:* Waren Sie schon einmal in München?

    PAUL: Nein, das war das erste Mal.

12
ICH MUß ZUM ZAHNARZT GEHEN

Objectives
- Practicing modal verbs
- Asking and answering questions dealing with health
- Saying what's wrong with you and others

1 **Bad luck**

Uwe is faced with a number of mishaps. What things must he do and what is he not allowed to do?

Example:

Angina	Uwe hat Angina.
a. Tennis spielen	Er darf nicht Tennis spielen.
b. daheim bleiben	Er muß daheim bleiben.
c. in Urlaub fahren	Er darf nicht in Urlaub fahren.

1. **Fieber** _____

   a. zur Arbeit gehen _____

   b. im Bett bleiben _____

   c. nach Berlin reisen _____

2. **kein Geld** _____

   a. sparen_____

   b. in die Karibik fahren _____

   c. viel arbeiten _____

3. **Zahnschmerzen** _____

   a. zu lange warten _____

   b. einen Termin
   beim Zahnarzt machen _____

   c. jeden Tag
   Süßigkeiten essen _____

4. **zu dick** _____

   a. lange Wanderungen
   machen _____

   b. immer nur autofahren _____

   c. Tennis spielen _____

5. **keine Freunde** _____

   a. mehr ausgehen _____

   b. nur zu Hause herumsitzen
   und fernsehen _____

   c. aktiv sein _____

2 | **Doctor's words**

Fill in the puzzle. The highlighted letters give you a condition accompanying many illnesses.

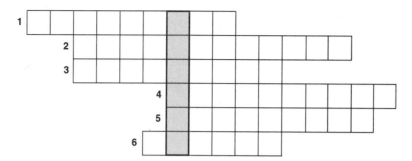

1. If you get this sort of cold, your nose will be rather runny.

2. you pay a premium and it insures you against all kinds of risks.

3. pain

4. treatment

5. general word for cold

6. influenza

Keyword: ____ ____ ____ ____ ____ ____

3 | **What a headache!**

Study the doctor's advice on how to prevent and alleviate headaches. Match the German and English phrases.

1. Präventivmaßnahmen
2. Entspannen Sie sich vor einer Streßsituation.
3. Machen Sie regelmäßig Gymnastik.
4. Bewegen Sie sich viel an der frischen Luft.
5. Klären Sie Konflikte und Probleme.
6. Lüften Sie abends Ihr Schlafzimmer.
7. Trinken Sie nicht zu viel Alkohol.
8. Bei Beginn der Kopfschmerzen
9. Legen Sie sich hin, und legen Sie kalte Kompressen auf die Stirn oder den Nacken.
10. Massieren Sie die Schmerzstelle mit den Fingern.
11. Trinken Sie eine Tasse kalten Kaffee oder ein Glas Cola.
12. Machen Sie einen Spaziergang.
13. Entspannen Sie sich.

a. Massage the painful part with your fingers.
b. Relax.
c. Do not drink too much alcohol.
d. Drink a cup of cold coffee or a glass of cola.
e. Preventive measures
f. At the beginning of the headache
g. Go for a walk.
h. Relax before a stressful situation.
i. Clear up conflicts and problems.
j. Air out your bedroom in the evening.
k. Do regular exercises.
l. Have lots of exercise in the fresh air.
m. Lie down and lay cold compresses on your forehead or on the nape of your neck.

4   Odd one out

Circle the word that doesn't belong with the others in each group.

1. Schnupfen	Fieber	Rücken	Erkältung	Grippe
2. Schmerzen	Bauch	Hals	Fuß	Zahn
3. Untersuchung	Angst	Versicherung	Behandlung	Termin
4. bin	muß	kann	darf	soll
5. Zähne	Ärzte	Waffeln	Tassen	Bauch

5   High temperature

Translate the speech bubbles from the cartoons.

1. _____

2. _____

3. _____

4. _____

_____

5. _____

6. _____

7. _____

_____

8. _____

_____

6 Building compound words

Take a word from the left and add it to one on the right to form a new German word. Then write the English translation for each new compound word.

ENGLISCH

1. Arzt _____ sparen = _____

2. Kontroll _____ suchung = _____

3. hundert _____ versicherung = _____

4. privat _____ tasse = _____

5. Unter _____ untersuchung = _____

6. Kranken _____ tausend = _____

7. ein _____ schmerzen = _____

8. Rücken _____ versichert = _____

9. Video _____ helferin = _____

10. Kaffee _____ raum = _____

7 Reviewing modal verbs

AOK Magazine has done a survey among 8–12-year-olds about their ideal dad. Study the survey and decide whether each statement originates from a super dad (X) or a super dud (0).

Extra vocabulary: *schimpfen* = to scold, *schreien* = to shout, *schlagen* = to hit, *der Blödsinn* = nonsense

1. „Ich habe jetzt keine Zeit."

2. „Darf ich mal bitte deine Hausaufgaben sehen?"

3. „Wollt ihr mit in den Zoo gehen?"

4. „Mach bloß keinen Blödsinn!"

5. „Ich muß schon wieder auf eine lange Geschäftsreise."

6. „Ich habe dich sehr lieb."

7. „Ich kann jetzt nicht mit dir spielen, ich will erst dein Fahrrad reparieren."

And finally, a bit of guesswork. Search the German text for the following words and write them on the lines provided.

a. brilliant fathers _____

b. has asked _____

c. the ideal father _____

d. cuddle _____

e. homework _____

f. things _____

g. undertake _____

Supervater

Was müssen Männer tun, um tolle Väter zu sein? Das AOK Magazin hat acht- bis zwölf-jährige Kinder gefragt, wie ihr idealer Vater aussehen soll.

• Er soll lieb sein.
• Er muß viel mit den Kindern unternehmen.
• Er soll Spaß verstehen.
• Er darf nicht schimpfen, schreien oder schlagen.
• Er muß Zeit für die Kinder haben.

Auf keinen Fall wollen die Kinder einen Vater, der nie da ist. Der ideale Vater mag gerne knuddeln und Blödsinn machen. Hausaufgaben kontrollieren oder Fahrräder reparieren ist nicht so wichtig. Das sind Dinge, die jeder Vater für seine Kinder tun kann.

13

WIR FINDEN SPORT SEHR WICHTIG

Objectives
- Making comparisons
- Talking about sports
- Practicing comparative adjectives

1 ## Help!

Here's an ad from the Weser-Kurier with a somewhat unusual request.

Extra vocabulary: *Gewichts-Abnahme* = weight loss, *abnehmen* = to lose (weight)

Welche nette Sportstudentin hilft Manager mit wenig Bewegung, aber viel Erfolg am Schreibtisch, zu sportlichen Aktivitäten (Squash, Jogging, usw.)? Alleine kann ich es nicht. Pro Kilo Gewichts-Abnahme 100 DM, bei 10 Kilo 1000 Mark extra.

Which statements are true? Mark them with an *R* (for *richtig*).

_____ **1.** Sportstudentin sucht Manager.

_____ **2.** Manager sucht Sportstudentin.

_____ **3.** Er treibt viel Sport.

_____ **4.** Er treibt wenig Sport.

_____ **5.** Er will Gewicht abnehmen.

_____ **6.** Sie soll ihm helfen.

_____ **7.** Er soll ihr helfen.

_____ **8.** Wenn er 1 Kilo abnimmt, bekommt sie 100 Mark.

_____ **9.** Wenn er 10 Kilo abnimmt, bekommt sie insgesamt 2000 Mark.

_____ **10.** Wenn er 10 Kilo abnimmt, bekommt sie insgesamt 1000 Mark.

2 | **Sport fanatics**

In each set of answers there is one noun that does not match the verb. Cross out the incorrect noun. On the line provided, write the letter of the incorrect noun and the correct verb for that noun.

1. Margaret treibt viel

   a. Tennis.

   b. Sport.

   c. Leichtathletik.

   _____

2. Tina spielt einmal in der Woche

   a. Handball.

   b. turnen.

   c. Badminton.

   _____

3. Nele fährt

   a. Rad.

   b. Ski.

   c. Volleyball.

   _____

4. Ingrid geht jeden Tag

   a. schwimmen.

   b. Gymnastik.

   c. tanzen.

   _____

5. Tom spielt jeden Samstag

   a. Basketball.

   b. joggen.

   c. Fußball.

   _____

3 **Unspeakable!**

Unscramble the hidden sport words and rewrite them on the lines below.

1. Peter trainiert im RINEEV.

   _____

2. Hans ist IEDLTIMG in einem Sportklub.

   _____

3. Katrin liebt UNGPORSTSENDEN im Fernsehen.

   _____

4. Katja schaut sich nur die MEISSCHTENWELTTERAF im Fernsehen an.

   _____

5. Die beliebtesten ENRTORPSTA der Deutschen sind Tennis und Fußball.

   _____

6. Im ALLFUDIUMSSBSTA sind immer viele begeisterte Leute.

   _____

7. Unsere SCHANNMAFT ist im Moment in Topform.

   _____

8. Machen Sie mit, werden Sie ITF!

   _____

4 **Kinds of sports**

Complete the chart by writing the German names of sports under each category heading. You may also add sports not listed in the unit.

mit Ball	ohne Ball	zu Fuß
	Reiten	
Fußball		
		Leichtathletik

5 Compatibilities

Which pairs might make a good match? Be careful! Not everybody will find a partner.

 TORBEN: Ich liebe Bergwanderungen und Skifahren —je mehr, desto besser!

 PETER: Ich schwimme gerne — aber nicht im Pool!

 MARLIES: Ich muß jeden Abend zum joggen gehen.

 INGO: Ich finde Sport langweilig — das ist mir viel zu aktiv.

 ISABELLA: Ich mache am Wochenende immer lange Radtouren.

 ANDREAS: Ich spiele Montag, Mittwoch und Freitag abend Tennis.

 ANITA: Ich fahre dreimal im Jahr in die Berge — im Winter, im Frühjahr und im Sommer.

 MARINA: Ich verbringe viel Zeit am Meer, vor allem im Sommer.

 TOBIAS: Ich mache Samstags und Sonntags gerne Ausflüge — aber nicht mit dem Auto.

 NINA: Ich mache am liebsten gar nichts.

Write your answers here:

_____

_____

_____

6 Comparisons

Complete each sentence. Sometimes you will need the comparative, sometimes just the simple adjective.

Examples: Nino ist jung, aber Nico ist ___jünger___.

Pia ist ___stark___, aber Tobias ist stärker.

1. Petra fährt gut Ski, aber Angela fährt _____.

2. Orangensaft aus der Dose ist _____, aber frisch gepresster Orangensaft ist gesünder.

3. Ich fahre gerne Rad, aber ich mache _____ lange Wanderungen.

4. In der Kneipe war es _____, aber auf der Party war es noch lustiger.

5. Schwimmen ist anstrengend, aber Jogging ist noch _____.

6. Mein Vater macht viel Sport, aber ich mache noch _____ Sport.

7 Comparative adjectives

Answer the questions about yourself. Begin each sentence with *Ja, aber...* or *Nein, ich...* and the comparative form of an adjective.

Example: Sind Sie stark? ___Ja, aber mein Freund ist stärker___.

Spielst du gern Tennis? ___Nein, ich spiele lieber Fußball___.

1. Schwimmst du gern?

_____

2. Treibst du oft Sport?

_____

3. Ist dein Vater alt?

_____

4. Haben Sie viel Geld?

_____

5. Ist dein Buch gut?

_____

8   Personality Test

Complete the personality test. Then check your score.

1. Sie haben heute Nachmittag frei.
  a. Treffen Sie sich mit einer Freundin zu Kaffee und Kuchen?
  b. Schauen Sie sich einen Film an?
  c. Gehen Sie schwimmen?
  d. Gehen Sie in die Kneipe?

2. Sie gewinnen 300 Mark.
  a. Besuchen Sie die Oper und gehen danach schön essen?
  b. Kaufen Sie sich die beste Karte für ein Fußballspiel?
  c. Buchen Sie ein Yoga-Wochenende?
  d. Gehen Sie groß einkaufen?

3. Sie sind allein in einer Bar.
  a. Beginnen Sie einen Flirt?
  b. Bestellen Sie sich ein Getränk und schauen ins Glas?
  c. Gehen Sie so schnell wie möglich raus?
  d. Lesen Sie die Zeitung?

4. Der Arzt sagt zu Ihnen: „Sie müssen eine Sportart machen."
  a. Spielen Sie Fußball?
  b. Gehen Sie reiten?
  c. Fahren Sie Ski?
  d. Möchten Sie wandern?

Punktezahl

	1.	2.	3.	4.
a.	4	4	4	4
b.	2	2	1	3
c.	1	1	2	3
d.	3	3	2	1

12-16 Punkte

Sie sind ein Genießer. Etwas mehr Bewegung würde Ihnen gut tun.

9-12 Punkte

Sie sind aktiv, dynamisch, aber ein wenig zu hektisch. Sie müssen sich mehr entspannen.

4-8 Punkte

Sie leben das ruhige Leben. Manchmal kann es aber dann zu ruhig werden. Gehen Sie mehr unter die Leute!

UNIT

14

ICH WERDE MICH BEWERBEN

Objectives

- Preparing for a job interview
- Understanding how to use *daß*
- Appreciating humor
- Building compound words

1 Job description

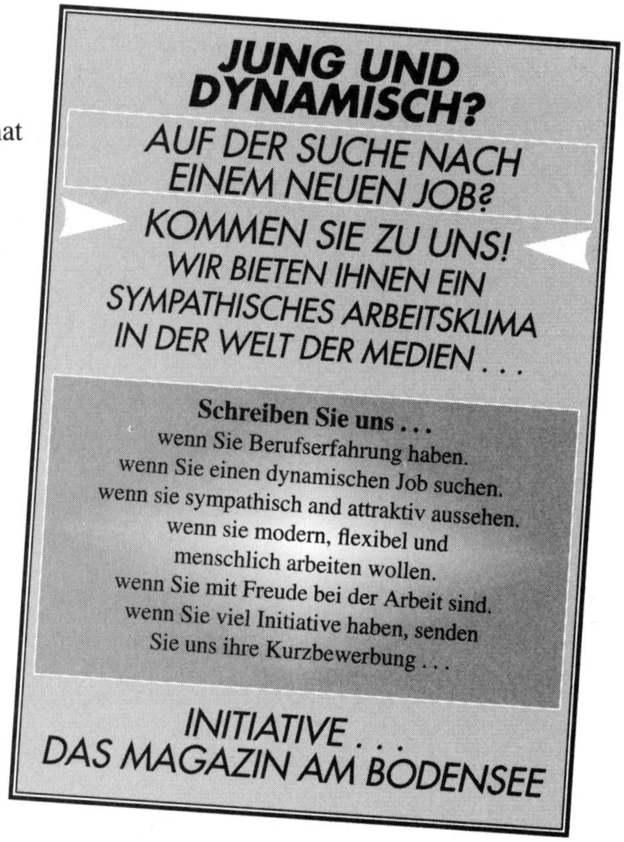

JUNG UND DYNAMISCH?
AUF DER SUCHE NACH EINEM NEUEN JOB?
KOMMEN SIE ZU UNS!
WIR BIETEN IHNEN EIN SYMPATHISCHES ARBEITSKLIMA IN DER WELT DER MEDIEN . . .
Schreiben Sie uns . . .
wenn Sie Berufserfahrung haben.
wenn Sie einen dynamischen Job suchen.
wenn sie sympathisch and attraktiv aussehen.
wenn sie modern, flexibel und menschlich arbeiten wollen.
wenn Sie mit Freude bei der Arbeit sind.
wenn Sie viel Initiative haben, senden Sie uns ihre Kurzbewerbung . . .
INITIATIVE . . .
DAS MAGAZIN AM BODENSEE

Part A

Florian wants to apply for the job in the ad. But what is he going to write and what is he going to say at the actual interview? Help him do his planning.

Example: daß ich Berufserfahrung habe

„Ich habe Berufsfahrung."

1. ______________________

"______________________."

2. ______________________

"______________________."

3. ______________________

"______________________."

4. ______________________

"______________________."

5. ______________________

"______________________."

Part B

Florian got the job and is full of good intentions. Write down his intentions for him. Begin after sentence 2: *Ich werde einen dynamischen Job suchen.*

_____

_____

_____

_____

2 Applying for a job

Answer the questions below to prepare for your own job interview.

1. Wie ist Ihr Name?

   Mein Name _____.

2. Wann sind Sie geboren?

   Ich _____.

3. Woher kommen Sie?

   _____

4. Wo wohnen Sie jetzt?

   _____

5. Wo und wie lange haben Sie studiert?

   _____

3 Tips for an interview

Review the *Wissenswert!* section on page 76 of your course book. Then write five first-person sentences in German that outline the advice given. Use modal forms such as *müssen* or *sollen*.

Example: Ich soll niemals den Mut verlieren. Ich darf nicht den Mut verlieren.

1. Ich _____

2. _____

3. _____

4. _____

5. _____

Now write the English translation for each of your sentences.

1. _____

2. _____

3. _____

4. _____

5. _____

4

Compounds galore

Pair the words into compound nouns. Don't forget to include the appropriate articles. You should find at least ten compound words. (Note that the "s" has been added in some cases for greater ease of pronunciation.)

Example: ___die Geburt(s) + das Datum = das Geburtsdatum___

GRAFIK	DATUM	FERN	ZEIT
KUNST	ERFAHRUNG	FREI	ABTEILUNG
GESPRÄCH	BILDUNG	FERN	GESPRÄCH
AKADEMIE	KUNST	SCHULE	SEHEN
FORT	BILDUNG	SCHULE	BERUF(S)
VORSTELLUNG(S)	GEBURT(S)		

_____ + _____ = _____

_____ + _____ = _____

_____ + _____ = _____

_____ + _____ = _____

_____ + _____ = _____

_____ + _____ = _____

_____ + _____ = _____

_____ + _____ = _____

_____ + _____ = _____

_____ + _____ = _____

5   Word order

Write five *daß* sentences. Follow the example.

Example: Karl sagt: „Ich wohne in Hamburg."

      Karl sagt, daß er in Hamburg wohnt.

1. Elke sagt: „Ich höre gern Musik."

    Elke sagt, daß   .

2. Ich sage: „Du arbeitest bei Deutschland Plus."

    Du   .

3. Nico sagt: „Ich mag meinen Job."

4. Frau Weiß sagt: „Ich fahre morgen nach Hause."

5. Herr Braun sagt: „Ich bin Architekt."

6   Things to do

There's quite a range of activities being offered. But who's doing what? Match the statements with the advertisements.

1. _____

2. _____

3. _____

4. _____

a. Wir werden den Dom besichtigen.

b. Sie wird alleine auf Reise gehen und vielleicht mit einem Freund zurückkommen.

c. Ich werde eine charmante Begleiterin für den Abend buchen.

d. Sie werden 200 Mark in ein besonderes Konto einzahlen, so daß ihre Freunde eine schöne Reise machen können.

7 ## The future tense

Write German versions of the English sentences; use *werden*.

Example: I'll help Nico on the computer.

Ich werde Nico am Computer helfen.

1. I'll go to my parents.

Ich

2. I'll sleep longer.

3. I'll go to work.

4. I'll buy a suit.

5. I'll buy shoes.

8   An important occasion

Adam has a romantic date coming up and has drawn up a plan of action to prepare himself. Help him summarize the sequence and complete the text.

Am Freitag borge _____ mir _____ Anzug, dann _____

ich _____ Schlips. Als nächstes gehe _____ zum F_____

und _____ mir die H_____ w_____ und

s_____. Nachmittags gehe _____ j_____ und

_____ _____ Sauna. Abends muß ich meine _____

p_____. Dann n_____ ich ein _____ B_____

und _____ früh ins B_____. Samstag _____ ich

_____ auf. Ich m_____ G_____ und nehme anschließend

eine _____ D_____. Mittags _____ ich die

_____ an und h_____ dann das Auto _____.

9   *Schülerwitze:* **A taste of German humor**

Part A

Draw lines to match the jokes with their punchlines.

1. „Ich bin froh daß ich nicht in Amerika geboren bin", sagt Sabine. „Warum?", fragt die Lehrerin.

   a. „Ja, sie spielen Fußball und fahren dicke Autos!"

2. Der Lehrer sagt zum Studenten: „Sie sehen so blaß aus. Haben Sie Angst vor meinen Fragen?"

   b. „Nein, aber vor meinen Antworten!"

3. „Ich habe dich gestern auf der Straße getroffen, aber du hast mich nicht gesehen", sagt der Direktor zum Schüler.

   c. „Weil ich so schlecht Englisch kann."

4. „Du hast schon wieder nichts gearbeitet", schimpft der Lehrer. „Weißt du, was aus solchen Kindern später wird?"

   d. „Ja, ich weiß."

Part B

Now translate the jokes.

1. _____

   _____

   _____

   _____

2. _____

   _____

   _____

   _____

3. _____

   _____

   _____

4. _____

   _____

   _____

   _____

15
ES FREUT MICH SEHR

> *Objectives*
> • Making social conversation
> • Identifying inappropriate social behavior
> • Using the past tense
> • Recognizing terms associated with a gas station

1 ## Rules and regulations

Each statement refers to a sign that you will come across when traveling by car. The first letters of each word will give you the keyword — a useful place if you can't park in the street.

1. Hier darf man sein Auto nicht abstellen.
2. Hier kann man rausfahren.
3. Hier können Sie halten und etwas essen oder trinken.
4. Hier brauchen Sie nicht bar bezahlen.
5. Hier müssen Sie halten.
6. Organisation für Autofahrer.
7. Hier müssen Sie anders fahren.
8. Hier müssen Sie selbst Benzin einfüllen.

#											
1			k			■			b		
2	u	s			h						
3		s			ä						
4			d		t				t		
5		l									
6	d										
7 u											
8			b	s		t			k		

Keyword: ____ ____ ____ ____ ____ ____ ____ ____

2 Social skills

In each group, cross out
the inappropriate response.

1. Darf ich vorstellen?
   a. Sehr angenehm.
   b. Es freut mich, Sie kennenzulernen.
   c. Auf Wiedersehen.

2. Wie geht es Ihnen?
   a. Gut, und Ihnen?
   b. Gut. Und Ihnen hoffentlich schlecht?
   c. Danke, es geht.

3. Vielen Dank für die Blumen.
   a. Nur eine Kleinigikeit.
   b. Bitte bitte.
   c. Die waren nicht teuer.

4. Wenn Sie mir bitte folgen möchten.
   a. Ich habe keine Lust.
   b. Ja, danke.
   c. Danke.

5. Bitte setzen Sie sich.
   a. Danke.
   b. Ja, gerne.
   c. Nein, danke.

6. Darf ich Ihnen etwas anbieten?
   a. Sehr gerne.
   b. Das wäre gut.
   c. Gute Nacht.

7. Gefällt es Ihnen bei uns?
   a. Nicht besonders.
   b. Es ist sehr gemütlich bei Ihnen.
   c. Ja, sehr.

8. Bis bald.
   a. Auf Wiedersehen.
   b. Glaube ich nicht.
   c. Ja, und gute Fahrt.

Punktezahl

	1.	2.	3.	4.	5.	6.	7.	8.
a.	2	1	1	6	2	1	6	2
b.	1	6	2	1	1	2	1	6
c.	5	2	5	2	4	4	1	2

7 Punkte

Wir gratulieren. Sie sagen immer das Richtige!

8–16 Punkte

Auch Sie können höflich sein! Manchmal
machen Sie aber auch einen Faux Pas.

17–26 Punkte

Diplomatie ist nicht Ihre Stärke! Manchmal
ist es besser, wenn Sie gar nichts sagen.

7–41 Punkte

Oh weh!

42 Punkte

Katastrophe!

3   Private detective

This is what Herr Naseweis wrote about Dieter's movements yesterday.

Heute besucht Dieter Karins Eltern. Sie wohnen in einem Apartment in Köln. Karin kommt nicht mit. Sie hat Urlaub und ist auf die Kanarischen Inseln gefahren. Dieter bringt ihren Eltern Blumen mit und sie freuen sich sehr. Am Nachmittag gibt es Kaffee und Kuchen. Es ist so gemütlich, daß Dieter zum Abendessen bleibt. Das Essen schmeckt sehr lecker.

The next day Dieter is being asked abut his movements. Answer the questions for him in complete sentences. Be truthful! Follow the example.

Example: Was haben Sie gestern gemacht?

Ich habe Karins Eltern besucht.

1. In welcher Stadt wohnen sie? _____

2. Haben sie ein Haus oder eine Wohnung? _____

3. Haben Sie ihnen etwas mitgebracht? _____

4. Wie haben sie reagiert? _____

5. War Karin auch mit? _____

6. Warum nicht? _____

7. Und wo macht sie Urlaub? _____

8. Wie war die Atmosphäre? _____

9. Was haben Sie am Nachmittag gemacht? _____

10. Sind Sie zum Abendessen geblieben? _____

11. Und wie war das Essen? _____

4 **At the gas station**

In each sentence, fill in the correct German word for the word in parentheses.

1. Wollen Sie _____ zahlen? (cash)

2. Bitte _____! (fill it up)

3. Wollen Sie hier bitte _____? (sign)

4. Wie _____ Sie bitte? (pay)

5. Geben Sie mir bitte _____. (unleaded)

6. Bitte _____ Sie das Öl. (check)

7. Hier ist meine _____. (credit card)

5 **Driving language**

Part A

Draw lines to match the phrases in the two columns.

1. Ich zahle	**a.** bitte unterschreiben.
2. Wollen Sie hier	**b.** mit Kreditkarte.
3. Prüfen Sie bitte die	**c.** Batterie.
4. Und können Sie das	**d.** Mark alles zusammen.
5. Geben Sie	**e.** Öl und Wasser prüfen.
6. Das macht neunzig	**f.** volltanken.
7. Bitte	**g.** mir Benzin für achtzig Mark.

Part B

Now write the English translations for the sentences in Part A.

1. _____

2. _____

3. _____

4. _____

5. _____

6. _____

7. _____

8. _____

6   Different phrases, same meaning

Pair the sentences that have the same meaning. But be careful; there are five mavericks that don't have a match.

Pairs:

_____		_____	
_____		_____	
_____		_____	
_____			

1. Es ist sehr gemütlich bei Ihnen.
2. Ich bin in wenigen Minuten wieder da.
3. Ich komme sofort zurück.
4. Das Essen ist lecker.
5. Ich gehe sofort weg.
6. Darf ich Ihnen ein Glas Wein anbieten?
7. Das Essen schmeckt gut.
8. Prost!
9. Wie wär's mit einem Glas Wein?
10. Bei mir ist es sehr gemütlich.

11. Ich brauche Benzin.
12. Ich bin gerne hier bei Ihnen.
13. Ich habe kein Geld.
14. Es freut mich, Sie kennenzulernen.
15. Sehr angenehm.
16. Ich möchte Sie gerne treffen.
17. Ich muß tanken.
18. Bleifrei oder verbleit?
19. Ich bin pleite.

7   Writing a dialogue

Write a German dialogue, of at least seven lines, in which you meet a new German acquaintance at a party at your house. Include the following: (a) You introduce yourself to the new acquaintance and say good evening/day; (b) you say you're pleased to meet the acquaintance; (c) you offer him/her something to eat/drink; and (d) talk about at least one other topic.

_____

_____

_____

_____

_____

_____

_____

16

DAS MÜSSEN WIR ABER FEIERN!

Objectives
- Forming sentences with separable verbs
- Identifying celebratory events
- Role-playing a job interview
- Understanding how to use prepositions

----

1 **No socks for Christmas**

According to a survey, some Christmas presents bring the average German little joy. Read the statements and mark them *R (richtig)* or *F (falsch)*.

Extra vocabulary: *unbeliebt* = unpopular, *notwendig* = necessary, *die Seife* = soap, *der Baum* = tree

_____ 1. Die meisten Deutschen mögen Socken und Küchengeräte.

_____ 2. Bei den Frauen sind Mixer, Eierkocher und Teemaschinen besonders unbeliebt.

_____ 3. Parfüm und Seife möchten alle Frauen gern zu Weihnachten haben.

_____ 4. Die Männer wollen keine Socken zu Weihnachten.

_____ 5. Aber Schlipse sind bei den Männern immer willkommen.

_____ 6. Die meisten Leute glauben, zu Weihnachten gehört ein Tannenbaum.

_____ 7. Auch Geschenke sind wichtig.

_____ 8. Weihnachtslieder sind nicht so wichtig.

Romantisches Fest möglichst ohne Socken und Mixer

Socken und **K**üchengeräte sind die unbeliebtesten Geschenke bei den Deutschen.

In einer Umfrage ist zu lesen, daß 41% der Frauen keine Weihnachtsgeschenke wie Mixer, Eierkocher und Teemaschinen mögen.

Auf Platz zwei der Negativliste sind Parfüm und Seife (16%). Bei den Männern sind Socken (31%) und

Schlipse (20%) besonders unbeliebt. 79% finden, daß ein Weihnachtsbaum zum Fest gehört, 57% meinen, daß Geschenke wichtig sind, und 52% sagen, daß Weihnachtslieder notwendig sind.

2 Greeting cards

Match the following items. Which card (on the left) goes with which occasion? Draw lines.

1. Alles Gute zum Geburtstag!

2. Frohe Weihnachten!

3. Viel Glück in der neuen Wohnung!

4. Wir gratulieren!

a. Birgit hat den neuen Job bekommen.

b. Ein Freund hat ein neues Haus.

c. Bald ist Heiligabend.

d. Karl ist heute 35 Jahre alt.

3 Christmas in Germany

Review the *Wissenswert!* section on page 84 of your course book. Then answer the following questions.

1. When does the Christmas countdown begin in Germany? _____

2. What do some people who don't want to celebrate Christmas do at this time? _____

3. On what date is *Heiligabend?* What do Germans do then? _____

4. What is the traditional German dish for Christmas? _____

5. What is a *Päckchenkette?* _____

4 Preparations for the party

Max has promised to organize a party. But he's a bit of a procrastinator, so Ulli needs to prod him. Fill in Max's responses to Ulli's gentle prodding.

Extra vocabulary: der Abfall = garbage

Example: ULLI: Hast du die Gläser schon mitgebracht?

MAX: _Nein, ich bringe sie morgen mit._ (morgen)

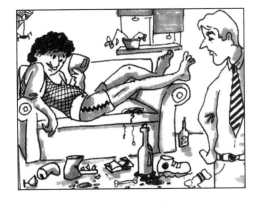

1. ULLI: Hast du schon den Wein gekauft?

    MAX: _____ (morgen abend)

2. ULLI: Hast du schon deine Schwester eingeladen?

    MAX: _____ (morgen)

3. ULLI: Hast du schon deine Mutter angerufen?

    MAX: _____ (heute abend)

4. ULLI: Ist deine Freundin schon angekommen?

    MAX: _____ (heute mittag)

5. ULLI: Hast du schon das Essen abgeholt?

    MAX: _____ (morgen früh)

6. ULLI: Hast du schon den Abfall mitgenommen?

    MAX: _____ (nach dem Essen)

5 Job market

Part A

See whether you can find suitable vacancies for the job seekers. Also, where might the unemployed go for a bit of socializing?

ARBEITSUCHE

1 Junger Mann mit eigenem Auto sucht Arbeit, gleich welcher Art.

2 Suche Nebenjob für zuhause.

3 Junge Frau, 29 Jahre, sucht Arbeit und Neuanfang in Freiheit.

4 Wer sucht Stundenweise Babysitter? Bin gelernte Krankenschwester.

5 Zuverlässiger Germanistik-Student, 22 Jahre, mit PC-Kenntnissen, sucht Nebenjob.

6 Holzhandwerker, 52 Jahre, sucht teils sitzende, teils stehende Tätigkeit.

7 Poet ... Ich dichte für Sie, für alle Situationen.

8 Suche Arbeit in der Küche, Mo-Fr zwischen 8 und 14 Uhr.

ARBEITSANGEBOTE

a Abendtreff für Arbeitslose! Jeden Donnerstag ab 16 Uhr.

b Frühstückstreff für Arbeitslose. Jeden Mittwoch von 10-12 Uhr.

c Perle, jeden Morgen, für Küchenarbeit gesucht. Wochenende frei.

d *Au-Pair-Stelle* Auch stundenweise, für kinderliebende Frau.

e PKW-Besitzer Abends Geld verdienen, vielleicht mehr, als Sie am Tag ausgeben.

f Lektor/in Wir suchen jemanden, der einmal im Monat die SZENE TOTAL Korrektur liest.

g Wer strickt mir einen Pullover?

Matching pairs	No matches	Socializing for the unemployed:
_____	_____	_____
_____	_____	_____
_____	_____	_____
_____	_____	_____

Part B

Now find the German words for the following terms.

1. new beginning _____

2. breakfast meeting _____

3. unemployed _____

4. freedom _____

5. (to) knit _____

6. to earn money _____

6 ## Using prepositions and *und*

Complete the sentences by choosing the correct words from the box.

am	zu	vor
ab	zum	beim
und	in	zum

1. *HELEN:* _____ September arbeite ich _____ der Grafikabteilung.

2. *PETER:* Prima! Herzliche Glückwünsche _____ neuen Job!

   Hattest du Angst _____ dem Vorstellungsgespräch?

3. *HELEN:* Ja, ich hatte Angst. _____ ich hatte Zahnschmerzen.

4. *PETER:* Oh! Warst du schon _____ Zahnarzt?

5. *HELEN:* Ja, heute morgen bin ich _____ Zahnarzt gegangen.

6. *PETER:* Gut. Also, ich gratuliere dir noch einmal _____ deiner neuen Stelle.

7. *HELEN:* Ja, danke. Ich freue mich!

8. *PETER:* Und worüber freust du dich _____ meisten?

7   ## Matching meanings

In each group, there is one sentence that does not belong. Cross out the odd sentence.

1. **a.** Viel Glück im neuen Job.

   b. Alles Gute in der neuen Stelle.

   c. Viel Arbeit bei der neuen Stelle.

2. **a.** Ich gratuliere Ihnen zum Geburtstag.

   b. Viel Pech zu Ihrem Geburtstag.

   c. Herzliche Glückwünsche zum Geburtstag!

3. **a.** Zum Wohl!

   b. Toi toi toi!

   c. Ich drücke die Daumen!

4. **a.** Ich muß auf der Stelle zum Chef.

   b. Ich muß gleich zum Chef gehen.

   c. Ich muß später zum Chef.

5. **a.** Seien Sie so nett und gehen Sie mit mir!

   b. Bitte folgen Sie mir!

   c. Bitte gehen Sie weg!

8   ## Word search

Find the 18 words from this unit hidden in the word-search puzzle. Words will be found in reverse order, diagonally, across, and down. Some words will overlap. Notice that umlauts such as *ü* are spelled *ue*, and *ß* is *ss*.

```
R E K I F A R G S L W K N F Z
N E T H C A N H I E W J E D C
N E D A L E G N I E C H V D B
L R U N F R F G E S C H E N K
G E S U E S S I G K E I T E N
E R T S O L T G U V G U G B Q
B H A H C E A L L G H V L A U
U U Q T C B J K G U D Z V G L
R P S S U A R T S N E M U L B
T V C E P L H T K T A C R I B
S A R D L J I C X A N E K E G
T O F V U E I E S Q I E Q H Q
A X D F B H Q T R E T L V Y P
G G Q R C W F E I E R N W D C
I S A S U T H C I S N J J W A
```

1. Adventskalender
2. Arbeit
3. Blumenstrauss
4. Buero
5. Chef
6. eingeladen
7. feiern
8. Geburtstag
9. Geschenk
10. Glueck
11. Grafiker
12. gratulieren
13. Abend
14. Schachtel
15. schick
16. Suessigkeiten
17. Uhr
18. Weihnachten

UNIT

1

KAFFEE UND KUCHEN

1

Scrambled breakfast

Unscramble the breakfast orders and write them down.

1. Ich hätte gerne eine SATSE EEFFKA und ein ISSORCNAT!

_____

2. Haben Sie NCOTRKÄKEB und MMEEDLOANRGNEARA?

_____

3. Ich möchte ein ÄNNKECHN ETE, zwei ÖBRCHTNE, und ein Ei!

_____

4. Gibt es OSTAT mit NKNECHSI und KÄSE?

_____

5. Für mich ein SLGA OGNRANEAFTS und einen GTHOJUR!

_____

6. Ich möchte zwei IECHSNEB ZAWCSHRROTB mit TTUBRE!

_____

7. Und ich hätte gerne ein LIÜMS mit LIMCH, bitte.

_____

2 ## Liquid delights

Guess to which drinks the clues refer. The letters in the highlighted boxes will give you the names of a famous German grape variety.

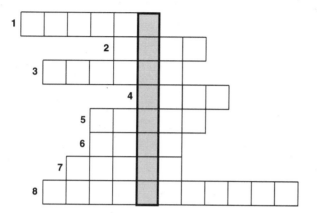

1. Es hat keine Farbe und keinen Geschmack und ist lebenswichtig.

2. das beliebteste Getränk der Deutschen

3. Ohne Milch und Zucker ist er schwarz und bitter.

4. der kleinere Bruder des Champagners

5. Sie ist weiß, voller Vitamine und sehr gesund.

6. Er ist rot, weiß oder rosa, hat Alkohol und wird aus Trauben gemacht.

7. Sie ist weiß und süß und hat viele Kalorien.

8. Viele Leute trinken ihn zum Frühstück. Er ist goldgelb und schmeckt besonders frisch gepresst.

Keyword: ____ ____ ____ ____ ____ ____ ____ ____

3 ## Vocabulary for cakes

The bits in the box below make up six delicious types of cakes and tortes. Write the six types of cake on the lines.

Him	beer	ku	fel	chen	Kä
tor	te	ku	Ap	chen	chen
cher	Mar	se	tor	ku	mor
ku	Sa	tor	Mohn	te	

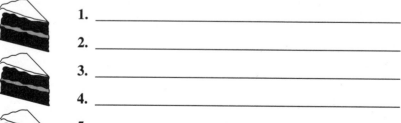

1. _____

2. _____

3. _____

4. _____

5. _____

6. _____

4   Vocabulary for food

Part A

Review the food and drink vocabulary on pages 89-91 of your course book. Then complete the following items, using the appropriate menu vocabulary listed below for Part A.

ein Ei	Kaffee	Zucker	Sahne
Tee	Schinken	Zitrone	Sachertorte

ZUM FRÜHSTÜCK

1. Zu essen möchte ich _____ mit _____.

2. Zu trinken möchte ich _____ mit _____.

IM CAFÉ

3. Zu essen möchte ich _____ mit _____.

4. Zu trinken möchte ich _____ mit _____.

Part B

Now order for yourself. Fill in the information with appropriate German words of your own choosing (not from the list above except for beverages) for each category.

ZUM FRÜHSTÜCK

1. Zu essen möchte ich _____ mit _____.

2. Zu trinken möchte ich _____ mit _____.

IM CAFÉ

3. Zu essen möchte ich _____ mit _____.

4. Zu trinken möchte ich _____ mit _____.

5   What can you say?

For each English expression below, there are at least two German phrases. Connect the phrases that match. Be careful, some of the phrases don't fit.

1. Enjoy your meal!

2. What can I get you?

3. Torte is my favorite food.

4. Would you like whipped cream with the cake?

5. Cheers!

a. Mögen Sie Sahnetorte?

b. Möchten Sie zu der Torte Sahne?

c. Torte esse ich am liebsten.

d. Ich wünsche Ihnen guten Appetit!

e. Was hätten Sie gerne?

f. Lassen Sie sich's gut schmecken!

g. Am liebsten esse ich Torte.

h. Was darf ich Ihnen anbieten?

i. Hallo!

j. Prosit!

k. Essen Sie die Torte mit Sahne?

l. Zum Wohl!

m. Möchten Sie bezahlen?

6   Cafés and wine bars

Here's an extract from a guide on cafés and wine bars in Cologne.

Part A

And here are some people who want to sample some of these cafés and wine bars. Where could they go?

_____ a. Wir möchten von unserem Kaffeetisch den Dom sehen!

_____ b. Ich möchte jeden Monat einen Wein aus einem anderen Anbaugebiet probieren!

_____ c. Ich will mehr über Weine wissen!

_____ d. Ich will meinen Tee in einer exotischen Atmosphäre trinken!

_____ e. Ich möchte auch mal einen kalifornischen Wein trinken.

_____ f. Und wir möchten ein Café mit Tradition besuchen!

(1) Am Berlich
Kaffee und Kuchen mit Dschungelatmosphäre: Affen im Käfig, Papageien auf der Stange zwischen tropischen Pflanzen. Mo-Sa 8.30-19 Uhr. So und feiertags 12-19 Uhr.

(2) Beiss'l
Im Keller lagern rund hundert Weinsorten, auch aus Kalifornien und der Schweiz. Lecker sind dazu Aufschnittplatten und Pasteten. Tgl. 19-1 Uhr.

(3) Edith's Weintafel
Jeden Monat werden Weine aus einem anderen Anbaugebiet angeboten. Gemütlich. Mo. -Fr. 18-1 Uhr; Sa und So 19-1 Uhr.

(4) Fassbender
Ein Tip für Tortenfreunde und Tortenfreundinnen: Dies Familie macht seit 80 Jahren die besten Torten! Mo bis Fr 8-18.30 Uhr; Sa 8-18 Uhr; So 10-18 Uhr.

(5) Im Walfisch
Hier gibt es von Zeit zu Zeit Weinseminare — aber einen guten Wein bekommt man immer! Schönes Altstadt-Lokal aus dem 17. Jahrhundert. Mo-Fr 12-15 Uhr und 18-1 Uhr; Sa 18-1 Uhr.

(6) Reichard
Blick auf den Dom und den Domplatz. Beste Plätze im Glaspavillon oder auf der Terrasse. Beste Kuchen und Torten. Tgl 8.30-20 Uhr.

Part B

And now go back to the original extract and find the German equivalents for the following words.

1. view of the cathedral _____

2. old town pub _____

3. jungle atmosphere _____

4. cake lovers (male and female) _____

5. monkeys _____

6. best places (seats) _____

7. century _____

8. terrace _____

9. parrots _____

10. plants _____

UNIT

2

BITTE SPRECHEN SIE NACH DEM SIGNALTON

··

Objectives
- Receiving and making phone calls
- Knowing how to check messages on the answering machine or on voice mail
- Understanding the purpose of phonecards
- Practicing asking questions at the Tourist Bureau

1 **Messages on the answering machine**

Part A

Imagine that you heard this message on an answering machine. Read it a few times until you are familiar with its contents. Then write down the most important points in English.

> Guten Tag, mein Name ist Schöllhorn — Hans Schöllhorn. Ich habe eine dringende Nachricht für Herrn Backe. Es geht um den Termin am Dienstag. Ich kann leider um fünfzehn Uhr nicht kommen, weil ich eine andere wichtige Besprechung habe. Können wir den Termin vielleicht auf Donnerstag sechzehn Uhr verlegen? Bitte rufen Sie mich zurück. Meine Rufnummer lautet 345 661

1. Message for _____

2. Message from _____

3. Urgent? _____

4. It's about the meeting on _____

5. He can't come because _____

6. He wants to _____

7. Could you please _____

Part B

And now it's your turn to leave an urgent message. Your name is Ina Runge and you want to leave a message for Frau Heller. It's about the dinner on Wednesday. You can't come because your small daughter is ill. But you hope to see her on the weekend.

_____

_____

_____

_____

2 ## Phonecards in Germany

Hans had had some trouble finding a pay phone that uses coins in Germany. He did not have a phonecard. Here's his story — but some crucial words are missing. Fill in the blanks.

kaputt	Fernsprecher	bargeldlos
anrufen	Telefonkarte	Münzen
Münzfernsprecher	stecken	Telecom-Geschäft

In Deutschland ist es immer schwieriger, ohne (1) _____ zu telefonieren. Vor kurzem

war ich in Frankfurt und wollte dort eine Freundin (2) _____. Erst hatte ich keine

passenden (3) _____ und mußte erst mal Kleingeld holen. Dann mußte ich endlos

suchen, bis ich einen (4) _____ gefunden hatte, und als ich endlich einen fand, war

er (5) _____. Schließlich ging ich in ein (6) _____. Der Verkäufer dort

sagte mir, daß die meisten Deutschen (7) _____ telefonieren. „Das ist viel

einfacher", sagte er. „Sie (8) _____ ihre Telefonkarte in den (9) _____,

und dann können Sie telefonieren, so lange Sie wollen."

3 A linguistic special

This excerpt from a Marco Polo guidebook tells you about 'Kölsch,' a special lingo spoken in Cologne. Some facts are incorrect in the English translation. Find the errors and correct them. You should find five altogether.

> ### Kölsch für Nichtkölner
>
> Wählen Sie doch mal die 1 15 10 und hören zu. Sie verstehen nichts? Der Mann kann kein „g" ausprechen und auch kein „ch"? Der Mann spricht Kölsch. Sie haben die Nummer von Literatur-Telefon gewählt, und da werden oft Texte auf Kölsch vorgelesen. Natürlich können Sie auch einfach mit der Straßenbahn fahren oder auf dem Wochenmarkt einkaufen. Da sprechen die Leute Kölsch.

Kölsch for Non-Colognians

Why don't you dial 11510 and listen. You understand? The woman can't pronounce "g" but can pronounce "ch"? This man speaks Kölsch. You've dialed the number of the literature-telephone, and there texts are often read out in Kölsch. Of course you can also take a taxi or go shopping in the supermarket. There the people speak "Kölsch".

4 Vocabulary for the telephone

Complete the German phrases and match them with the translations.

1. Da meldet sich _ _ _ _ _ _ _ _ !

2. Das geht in _ _ _ _ _ _ _ _ .

3. Kann ich ihr etwas _ _ _ _ _ _ _ _ _ _ _ ?

4. Sie ist auf _ _ _ _ _ _ _ _ _ _ _ _ _ .

5. Ich hätte gerne Herrn Dill _ _ _ _ _ _ _ _ _ _ _ _ .

6. Er ist in einer _ _ _ _ _ _ _ _ _ _ _ _ !

7. Könnte ich eine _ _ _ _ _ _ _ _ _ _ hinterlassen?

8. Ich habe das nicht richtig _ _ _ _ _ _ _ _ _ _ _ .

9. Können Sie das bitte _ _ _ _ _ _ _ _ _ _ _ _ ?

10. Könnten Sie mich mit Frau Wolf _ _ _ _ _ _ _ _ _ _ ?

a. Could you repeat that please?

b. I did not understand that properly.

c. Could you put me through to Ms. Wolf?

d. He's in a meeting.

e. That's OK.

f. She's on a business trip.

g. Could I leave a message?

h. There's no answer.

i. Can I leave a message?

j. I'd like to speak to Mr. Dill.

5   A portrait of Mainz

Review exercise 8 on page 95 of your course book; also review the *Städteporträt: Mainz* section on page 96. Then answer the following questions.

1. Why is Mainz known as the "media Mecca"?

2. Which inventor came from Mainz? What invention is he known for?

3. Name two well-known landmarks in Mainz.

4. For which *Bundesland* is Mainz the capital?

5. If you were going to visit Mainz, which attractions would you most like to see?

6   Asking questions

Ask the following questions in German.

1. Where can I find the old town / old quarter?

2. Can you give me some advice on other sights?

3. When is St. Martin's Cathedral open?

4. How far is the cathedral from the Gutenberg Museum?

5. Could I have a city map / town plan please?

7 And finally, a poem

Study the last four stanzas of "Die Heimkehr" (The Homecoming), a famous German song by Heinrich Heine. It's about the Lorelei, a beautiful but dangerous Rhine maiden. Match the pictures with the rhymes. See if you can translate the song. Write your translation on a separate sheet of paper.

Extra vocabulary: *Jungfrau = Mädchen; Geschmeide = Schmuck, Juwelen; kämmen = to comb; wundersam = wunderbar; gewaltig = groß; Melodei = Melodie; Schiff/Kahn = boat; Schiffer = Mann im Schiff; ergreifen = to grip; Felsenriffe = rocky reefs; Wellen = waves; verschlingen = to devour*

Die schöne Jungfrau sitzet
Dort oben wunderbar,
Ihr goldnes Geschmeide blitzet,
Sie kämmt ihr goldenes Haar.

Sie kämmt es mit goldenem Kamme
Und singt ein Lied dabei,
Das hat eine wundersame,
Gewaltige Melodei.

Den Schiffer im kleinen Schiffe
Ergreift es mit wildem Weh;
Er schaut nicht die Felsenriffe,
Er schaut nur hinauf in die Höh'.

Ich glaube, die Wellen verschlingen
Am Ende Schiffer und Kahn;
Und das hat mit ihrem Singen
Die Lorelei getan.

Objectives
- Practicing German idioms
- Reviewing the past tense
- Checking vocabulary usage
- Talking about daily routines

1

Idiomatic German

Identify the busy bees. Circle their names.

Clue: They are in the minority.

Tina macht immer wieder einen blauen Montag.

Hans rührt keinen Finger.

Erich arbeitet für zwei.

Paul sagt: „Komm ich heute nicht, komm ich morgen."

Friederike legt die Hände in den Schoß.

Angelika ist ein richtiges Arbeitstier.

Monika läßt Gott einen guten Mann sein.

Tobias geht der Arbeit aus dem Weg.

Karin findet, Arbeit macht das Leben süß.

The busy bees are: _____

2   **Making decisions**

Angela has a small daughter and does not know what to do. Should she go back to work or continue to stay at home with her daughter? Study her letter to a women's magazine. What options is she considering? Fill in the blanks.

Feierabend	Kinderkrippe	Hause
Wochenende	Gleitzeit	Büro

**Frau Lisa W.
aus Berlin:**

Meine Tochter Lena ist
2 Jahre alt. Ich bin
alleinerziehend, und ich
weiß nicht, wie mein
Leben weiter gehen soll.
Ich habe so viele
Fragen! Ich hoffe, Sie
finden die Antworten.
Hier sind die
wichtigsten Fragen:

FRAGEN SIE FRAU INGRID
Zurück zur Arbeit oder nicht?

Soll ich mich selbst um Lena kümmern, oder soll ich sie in eine (1) _____ geben? Soll ich in der Fabrik arbeiten, oder im (2) _____? Die Fabrik ist um die Ecke, das Büro ist weiter weg. Soll ich montags bis freitags arbeiten, oder am (3) _____? Soll ich feste Arbeitszeiten haben, oder lieber (4) _____? Soll ich bis spät am Abend arbeiten, oder schon früh (5) _____ machen? Soll ich überhaupt eine Stelle suchen, oder vielleicht doch lieber zu (6) _____ bleiben?

3   **Modal verbs**

Review the *Sprachtip* on page 98 of your course book before rewriting the following sentences. Use the cues given in parentheses.

1. Ich arbeite in einem Hotel. (must)

    Ich muß _____

2. Frau Fese beginnt um acht Uhr. (can)

    _____

3. Wir arbeiten nicht mehr. (must)

    _____

4. Herr Klein kauft immer am Samstag ein. (should)

    _____

5. Du machst freitags Feierabend. (can)

    _____

4   Looking for a job

Find the German equivalents.

c

Tagesmutter
gesucht für meinen 2 jähr. Sohn,
Tel. (0751) 58596.

a

Gesucht
rüstiger Rentner mit gärtnerischen
Kenntnissen für Gartenarbeiten,
Tel. (0751) 67253 od. 67488.

e

Deutschlandstart: Jetzt!
Amerikanischer Konzern mit absolut neuen Produkten
startet jetzt in Deutschland. Führungskräfte der 1.
Stunde gesucht! TEL. (08333) 7071 oder ab
20 Uhr (08337) 8025

b

Power Frau sucht prakt. Arbeit in
der Baubranche auch am Wochenende.
Immob. + Finanzkenntn. vorhanden.
WN 2482 Der Tagesspiegel, Postfach
30 43 30, 10723 Berlin.

d

Architektin
TU, 6 Jahre Berufserfahrung,
CAD-Kenntnisse, sucht neue
Aufgabe. Schwerpunkt LP 1-5.
WW 2491, Der Tagesspiegel,
Postfach 30 43 30, 10723 Berlin.

g

Junge Arbeitslose
(m/w 18-26 J) werden laufend
eingestellt. Tel. (02661) 8024

h

Haushaltshilfe
in Weststadt gesucht für ca. 4 Std.,
2xpro Monat. (0751) 92833

f

Sie möchten in Ihrer
Freizeit auf seriöse Art
gutes Geld verdienen.
Wir würden uns freuen
Sie kennenzulernen.
Schreiben Sie uns.
Zuschriften unter RZ 80050

1. jobs in the garden

2. fit pensioner

3. We'd be pleased to meet you.

4. mother's helper

5. young unemployed

6. with absolutely new products

7. looking for practical work

8. six years of professional experience

9. in the building sector

5   Imperfect and present tenses

Change each sentence from the *past* (imperfect) tense to the *present* tense.

1. Frau Gaßmann wohnte in Chemnitz.

_____

2. Ihr Sohn war zehn Jahre alt.

_____

3. Der Staat kümmerte sich um die Kinder.

_____

4. Frau Gaßmann arbeitete und war alleinerziehende Mutter.

_____

5. Silvio und Julia kamen mit vier Wochen in die Kinderkrippe.

_____

6. Frau Gaßmann bekam genau so viel Gehalt wie ihre anderen Kollegen.

_____

6 ## Crossword puzzle

Solve the crossword puzzle using eleven German words from this unit and the English clues for **Waagerecht** (Across) and **Senkrecht** (Down).

WAAGERECHT

 1. to vacuum clean
 5. vacation
 6. day-care center
 7. factory
 9. to do the ironing
10. children
11. Easter

SENKRECHT

 2. to work
 3. to clean
 8. salary

7 ## Daily routines

Part A

Here's a letter Anita wrote a few years ago about the division of labor in her household. Fill in the blanks with the appropriate verbs.

gehe	koche	staubsauge	putzt	macht	bringt
bringe	mache	bügelt	teilen	arbeite	hole

Am Samstag ist immer der große Haushaltstag. Mein Mann und ich (1) _____ uns

die Arbeit. Ich (2) _____ die Wohnung, mein Mann (3) _____ das

Badezimmer. Er (4) _____ die Betten. Dann (5) _____ ich einkaufen.

Ich (6) _____ die Wäsche, aber er (7) _____ sie dann. Während der

Woche ist es anders. Da (8) _____ ich viel mehr als mein Mann. Ich

(9) _____ jeden Morgen die Kinder weg und (10) _____ sie nach

der Schule auch ab. Außerdem (11) _____ ich jeden Tag. Manchmal

(12) _____ mein Mann die Kinder ins Bett.

Part B

A few years later things have changed and Anita looks back with little regret. Rewrite her original letter and put it into the simple past tense.

Am Samstag war immer der große Haushaltstag. Mein Mann und

UNIT
4
VERREISEN SIE GERNE?

> *Objectives*
> • Understanding schedules
> • Discussing vacation plans
> • Reviewing the use of the superlative
> • Comprehending signs

1   **Going to Prague**

Hans wants to travel to Prague and asks Ruth which train she would advise him to take. Complete the dialogue.

Ulm Hbf → Praha hl.n.   DB

Fahrplanauszug

ab	Zug			Umsteigen	an	ab	Zug			an	Verkehrstage	
4.58	E	3801	2.Kl	Augsburg Hbf	6.10	6.28	ICE	884	✕		Mo - Sa	01
				Nürnberg Hbf	7.34	7.55	IC	169	⊠	13.26		
4.58	E	3801	2.Kl	Günzburg	5.15	5.26	N	6131			Mo - Sa	01
				Regensburg Hbf	8.25	8.31	IR	2606	⊕			
				Schwandorf	8.58	9.04	IC	169	⊠	13.26		
8.20	IR	2191	⊕	Augsburg Hbf	9.01	9.28	IC	706	✕		täglich	
				Nürnberg Hbf	10.34	11.35	EC	51	✕	16.45		
12.20	IR	2195	⊕	München Hbf	13.35	14.08	EC	167	✕	20.39	täglich	
20.57	EC	67	✕	München Hbf	22.10	22.17	IR	2094			täglich	
				Nürnberg Hbf	0.03	0.25	D	357				
								⊠ ▭─▭		6.11		
22.09	E	3831	2.Kl	Donauwörth	23.16	0.17	D	1980			Mo - Fr, So	02
							▭ ▭─▭			8.39		

1. *HANS:* _____

     (I'd like to go to Prague.)

     RUTH: Wann möchten Sie denn fahren?

2. *HANS:* _____

     (At the weekend.)

     RUTH: Ja. Und wann? Am Vormittag oder am Nachmittag?

3. *HANS:* _____

(I'd like to arrive late in the afternoon.)

RUTH: Da fahren Sie ab Ulm um (a) _____ Uhr und sind dann in Prag um

(b) _____ Uhr.

4. *HANS:* _____

(Do I have to change trains?)

RUTH: Ja, Sie müssen zweimal umsteigen.

5. *HANS:* _____

(Is that with Intercity?)

RUTH: Nur bis Augsburg. Dann mit dem EC nach Nürnberg, und dann mit dem InterRegio.

6. *HANS:* _____

(Is there a direct train too?)

RUTH: Nein, Sie müssen immer mindestens einmal umsteigen.

7. *HANS:* _____

(Where do I have to change trains?)

RUTH: In Augsburg. Dort kommen Sie an um (c) _____ Uhr. Abfahrt

(d) _____ Uhr.

Dann fahren Sie weiter nach Nürnberg. Ankunft (e) _____ Uhr, Abfahrt

(f) _____ Uhr.

2   Traveling by subway

Match the German phrases with their English equivalents.

1. Gleis eins. Bitte zurückbleiben!   a. *NEXT STOP*

2. Nächster Halt   b. elevator ⬆⬇

3. Bitte alle aussteigen. Dieser Zug endet hier!   c. *Step back from platform one.*

4. Auf den Bahnsteigen Rauchen verboten.   d. **NO SMOKING** on the platforms.

5. Aufzug   e. **SHORT TRAIN**

6. Kurzzug   f. *EVERYBODY OFF, PLEASE. THIS TRAIN ENDS HERE.*

3 Train messages

Draw lines between the columns to match the messages.

1. Wir wünschen eine angenehme Reise ...

2. Meine Damen und Herren am Gleis vierundzwanzig, willkommen in ...

3. Auf Gleis drei steht jetzt bereit: ICE sieben neun sieben von Bremen nach München.

4. Auf Gleis drei hält in Kürze Einfahrt ...

5. Bitte Vorsicht am Gleis zwei. Der Zug fährt jetzt ab. Bitte Vorsicht an den Türen.

6. Ihre nächste Reisemöglichkeit ...

7. Meine Damen und Herren, in wenigen Minuten erreichen wir ...

a. Arriving shortly on platform 3 ...

b. your next connection ...

c. Wishing you a pleasant journey ...

d. Ladies and gentlemen, we will shortly be arriving ...

e. Ladies and gentlemen on platform 24. Welcome to ...

f. Attention passengers on platform 2. The train is about to depart. Watch the doors please.

g. On platform 3 ICE train 797 from Bremen to Munich is now ready to depart.

4 Superlative forms

Review the *Sprachtip* section and Exercise 6 on page 103 of your course book. Then fill in the *superlative* form of the adjective in parentheses and translate the German sentences into English.

1. Zu Hause bleiben. Das ist _____. (billig)

   _____

2. In Ibiza ist es im Herbst _____. (ruhig)

   _____

3. Er sagt, daß Österreich _____ ist. (schön)

   _____

4. Der BMW ist _____. (teuer)

   _____

5. Sie trinkt Milch _____. (gern)

   _____

6. Der rote Wagen gefällt mir _____. (gut)

   _____

7. Im August ist es dort _____. (warm)

   _____

5 | *Auf der Sennhütte*

Answer the questions below in English.

Extra vocabulary: *die Alm* = Alpine meadow

 Der Sommer auf der Alm beginnt Anfang Juli und dauert etwa bis Mitte September. Eine Urlaubswoche kostet inkl. Verpflegung pro Person 460 DM. Kinder zahlen ca. 20 Prozent weniger. Autofahrer nehmen ab München die Autobahn Richtung Kufstein/Brenner und zweigen ins Pustertal ab, bis nach Weisberg (ital. Monguelfo). Wer mit der Bahn anreist, fährt am besten mit dem EC von München Richtung Bozen. In Weisberg wird ein Treffpunkt vereinbart. Von da an geht's dann zu Fuß auf die Alm (Alpinschule Pustertal, Dolomit unlimited, Bahnhofstr. 2, 1-39035).

1. How long does summer last in the mountains?

   _____

2. How much would one week cost for two adults and one child?

   _____

3. How would you get there by car?

   _____

4. And by train?

   _____

5. Where would you meet up with the organizers?

   _____

6. And how would you get up to the hut?

   _____

6 | **Odd one out**

In each line, what is the term that does not belong? Put an X through it.

1. Tankstelle	Auto	Fahrkarte	Benzin
2. Reisezentrum	Ticket	Schalter	Mahlzeit
3. Zug	Autobahn	Verspätung	Ankunft
4. Studienreise	Museum	Sport	Kultur
5. Hotel	Campingplatz	Pension	Wetter
6. Sommer	Winterurlaub	Schnee	Skifahren
7. Fernreise	Karibik	Sonne	Schwarzwald

7 ## Going places

Part A

Which categories do these ads fit? List each ad under its correct heading on the table below. Be careful, some of the ads fit more than one category.

c Erholen & Entspannen im Waldnachtal, dem gesunden Ferienland im Schwarzwald, z.B. mit einer Schönheitswoche für 995 Mark mit ü/HP und Programm. Über Wanderspaß und Familienfreundlichkeit informiert zudem: Kurverwaltung, 72176 Waldachtal, Tel. (074 43) 29 40

e REISE NACH INNEN - kreatives Schreiben; Wochenendseminare nur für Frauen. Näheres bei Gaby Merkens, Postfach 50 01 08, 72070 Tübingen

d Fasten mit Früchten auf Madeira Info: Tel. (0 77 74) 73 04

1. Sprachurlaub _____

2. Familienurlaub _____

3. Schönheitsurlaub _____

4. Fastenurlaub _____

5. Kreativurlaub _____

Part B

Now find the German equivalents for the following items.

1. fasting with fruit _____

2. beauty week _____

3. inner journey _____

4. vacation with children _____

5. hibernation _____

5

ES WAR SEHR HEKTISCH!

Objectives
* Learning to read a recipe
* Understanding the formation of compound words
* Practicing nouns and the genitive form
* Reviewing possessives and comparisons

1 **How to follow a recipe**

Part A

Match the pictures with the instructions.

Mozartkugeln aus Marzipan
Zutaten (ingredients)
150 g geschälte Mandeln, 150 Puderzucker, 1 Eiweiß,
1–2 Teelöffel Rosenwasser, Schokoladenpulver

_____ **1.** Mandeln schälen und trocknen

_____ **2.** mit Puderzucker so fein wie möglich mahlen

_____ **3.** mit Eiweiß und Rosenwasser gut mischen

_____ **4.** die Masse kneten, bis sie weich ist

_____ **5.** kleine Kugeln formen und in der Schokolade rollen

Part B

Now match the German words with their English counterparts. Draw lines to connect them.

1. Schokoladenpulver		**a.** balls
2. schälen		**b.** chocolate powder
3. Puderzucker		**c.** powdered sugar
4. mahlen		**d.** to knead
5. mischen		**e.** soft
6. kneten		**f.** to grind
7. weich		**g.** to peel
8. Kugeln		**h.** to mix

2 Nouns and verbs

Complete the chart. Follow the example.

	existieren	die Existenz
1.	besuchen	
2.	verbreiten	
3.		die Verbindung
4.	exportieren	
5.		das Produkt
6.		die Probe

3 Puzzle

Complete the puzzle.

1. Hier werden Dinge produziert.

2. Früher hat man hier Brot gebacken.

3. Hier gibt es nur Delikatessen.

4. Hier werden Produkte oft direkt vom Hersteller verkauft.

5. ein großes Haus mit vielen Dingen zum Kaufen

6. Hier kann man süße Sachen essen.

1	F					
2		A		S	T	
3		E	N			T
4	M			T		
5		A	F	H		S
6	K		D	T		I

4 Nouns and the genitive

Rephrase the underlined words.

Example: Wann können wir die Firma <u>besichtigen</u>.

Die ___Besichtigung der Firma___ ist morgen von 10 bis 12.

1. Wer kann uns in den Kurs <u>einführen</u>?

   Die _____ ____ _____ macht Herr Schwab.

2. Und wer wird das Seminar <u>leiten</u>?

   Die _____ ____ _____ übernimmt Frau Block.

3. Und wann kann ich die Pläne mit ihnen <u>besprechen</u>?

   Die _____ ____ _____ ist erst nächste Woche möglich.

4. Als erstes müssen wir die Gäste <u>begrüßen</u>.

   Die _____ ____ _____ habe ich schon organisiert.

5. Können Sie mir sagen, wie Sie das Marzipan <u>herstellen</u>?

   Nein. Die _____ ____ _____ ist ein Geheimnis der Firma.

6. Wann können Sie uns die Waren <u>liefern</u>?

   Die _____ ____ _____ ist am Dienstag.

5 Personal profile

Fill out the form below based on the following description:

Ulrich Hoffmann ist 56 Jahre alt. Er ist geschieden und hat vier Töchter. Er kommt aus Heidelberg, aber er wohnt seit 22 Jahren in Freiburg. Seit 18 Jahren arbeitet er in der Wentzingerschule als Englischlehrer.

Name: _____

Alter: _____

Familie: _____

seit wann in Freiburg: _____

seit wann Lehrer: _____

6 Comparisons and possessives

Translate the following statements into German.

Für viele Deutsche
ist die Freizeit wichtiger als die Arbeit.

In neuen Studien steht zu lesen, daß nur 50% auf ihre Arbeit stolz sind. Dennoch bekommen die deutschen Arbeiter immer noch die höchsten Löhne in Europa, dazu kommt das Weihnachtsgeld und das Urlaubsgeld. Gleichzeitig haben sie den längsten Urlaub und die kürzeste Arbeitszeit: pro Woche nicht mehr als 37 Stunden.

1. For me, my free time is more important than my work.

_____

2. Only 50% of my colleagues are proud of their work.

_____

3. Our wages are the highest in Europe.

_____

4. We also get extra money for Christmas and vacations.

_____

5. We have the longest vacations and the shortest working hours.

_____

6. Per week we don't work more than 37 hours.

_____

7 **Building a job**

Create words for four positions in a manufacturing plant from the following syllables.

GE	AR	MIT	PRO	SCHÄFTS	TER
TIONS	FÜH	TER	BEI	DUK	TER
RER	LEI	EX	LEI	PORT	

1. _____

2. _____

3. _____

4. _____

8 **Beginning words**

Unscramble the sentences below. The first word in each sentence has been provided.

1. begrüßt / um / Geschäftsführer / Uhr / er / acht / den

   Um _____

2. probiert / Konditorei / Marzipan / dann / sie / der / in

   Dann _____

3. sie / Tag / fünfunddreißig / jeden / her / Tonnen / stellen / Marzipan

   Jeden _____

4. war/ Frankfurt / sieben / zurück / ich / um / in / Uhr

   Um _____

5. Jahren / seit / liefern / Tschechei / vielen / in / sie / die

   Seit _____ .

6

ZEIT ZUM EINKAUFEN

Objectives
- Finding out more about colors
- Understanding vocabulary about clothes
- Building vocabulary
- Knowing how to compare prices

1 The laundry list

You are at a hotel and want to send the following items to the laundry:

- 2 ties
- 1 pair of pants
- 1 suit
- 6 handkerchiefs
- 5 shirts
- 3 pairs of socks
- 1 jacket

Complete the *Wäsche-Liste* provided by the hotel.

Die bis 8.00 Uhr an der Rezeption abgegebene Wäsche wird am selben Tag bis 19.00 Uhr zurückgeliefert. Kein Wäsche-Service an Wochenenden und Feiertagen.

Stuttgart-Airport MÖVENPICK HOTEL Flughafen · 70629 Stuttgart 23

Wäsche-Liste

Bitte beachten Sie die auf der Rückseite angegebenen Haftungs- und Lieferungsbedingungen

Name _____ Zimmer _____ Datum _____

Stückzahl	Herrenwäsche		Einzelpreis	Gesamtpreis
	Oberhemden			
	Nachthemd		6,10	
	Pyjamas		8,80	
	Unterhose		10,—	
	Unterjacke		4,40	
	Paar Socken		4,40	
	Taschentücher		4,40	
			2,80	
	Chem. Reinigung			
	Hose			
	Sakko		15,30	
	Rock, glatt		15,30	
	Bluse	ab	15,30	
	Krawatte	ab	17,—	
	Kleid		10,—	
		ab	20,30	

2   Two words into one

Match items in the two columns to create compound words.

_____ 1. Blumen	**a.** Abteilung
_____ 2. Spiel	**b.** Hose
_____ 3. Wander	**c.** Schale
_____ 4. Arm	**d.** Waren
_____ 5. Strumpf	**e.** Ball
_____ 6. Teddy	**f.** Vase
_____ 7. Kerzen	**g.** Schuh
_____ 8. Obst	**h.** Bär
_____ 9. Schmuck	**i.** Band
_____ 10. Fuß	**j.** Ständer

3   In the department store

Where would you find the items in the Word Box? Fill in the chart. Use the *plural forms* of the words from the Word Box.

T-Shirt	Ring	Blumenvase	Ohrring	Kerze
Kleid	Rock	Teddybär	Obstschale	
Jacke	Wanderschuh	Uhr	Armband	
Tennisschläger	Kerzenständer	Fußball	Bluse	

Damenabteilung	Hauswaren und Geschenke	Schmuckabteilung	Spielwaren	Sportabteilung
Kleider				

4 Colors for every situation

Which color would the therapist recommend in each situation?

Gelb

... ist die Farbe des logischen Denkens, des Lernens und des Intellekts. Sie öffnet uns für neue Ideen und neue Interessen.

Türkis

... ist die Farbe der Kommunikation. Ausgezeichnet für öffentliche Sprecher, die nervös sind.

Blau

... ist die Farbe der Seele, sie bringt Stille und Frieden ins Herz. Sie heilt, kühlt und beruhigt und ist gut gegen Schmerzen.

Rot

... ist die Farbe des Lebens. Sie gibt uns Wärme und Stärke und stimuliert die Gefühle und die Sexualität. Aber Vorsicht! Herzkranke Menschen sollten lieber rosa tragen, das ist besser für die Nerven!

Orange

... ist die Farbe der Freude, der Kreativität und der Aktivität. Orange gibt uns Vitalität und hilft bei Depressionen und Frustrationen.

Grün

... ist gut gegen Schocks. Die Farbe bringt Balance in unser Leben, sie regeneriert uns und gibt neue Hoffnung.

Welche Farbe sollten Sie tragen, wenn Sie ...

1. sich frustriert fühlen? _____

2. eine Rede halten müssen? _____

3. ein schwaches Herz haben? _____

4. einen Computerkurs beginnen? _____

5. sich kreativ fühlen wollen? _____

6. Kopfweh haben? _____

7. gerade einen Schock hatten? _____

5   The right present

Hans Kirchner wants to buy a birthday present for his son Sam. It should not cost more than 30 marks.

Ich heiße Sam und ich werde bald 12. Ich liebe Fernsehen, meinen Hund Wolf, Sport (alle Sportarten), große T-shirts und Erdbeereis. Ich hasse die Schule, rote Würstchen, meine Schwester Tilly, sonniges Wetter und Spielsachen, vor allem Teddybären.

1. *VERKÄUFERIN:* Guten Tag, kann ich Ihnen helfen?

   H. KIRCHNER: _____.

2. Verkäuferin: Für wen soll das Geschenk sein?

   H. KIRCHNER: _____.

3. *VERKÄUFERIN:* Wie alt ist denn Ihr Sohn?

   H. KIRCHNER: _____.

4. *VERKÄUFERIN:* Mag er Spielsachen?

   H. KIRCHNER: _____.

5. *VERKÄUFERIN:* Und Sport? Liebt er Sport?

   H. KIRCHNER: _____.

6. *VERKÄUFERIN:* Wie wär's denn mit einem Tennisschläger?

   H. KIRCHNER: _____?

7. *VERKÄUFERIN:* Ja, der billigste kostet um 50 Mark.

   H. KIRCHNER: _____.

8. *VERKÄUFERIN:* Wie wär's denn mit dem Fußball hier?

   H. KIRCHNER: _____?

9. *VERKÄUFERIN:* Der hier kostet 40 Mark.

   H. KIRCHNER: _____?

10. *VERKÄUFERIN:* Nein, das ist nicht der billigste. Wir haben auch welche für 30 Mark.

    H. KIRCHNER: _____.

11. *VERKÄUFERIN:* Soll ich den Ball als Geschenk verpacken?

    H. KIRCHNER: _____!

12. *H. KIRCHNER:* Und_____?

    VERKÄUFERIN: Da drüben an der Kasse.

6 Special offers

Part A

Here's an article about the sales in Köln, but some crucial words are missing. Fill in the blanks.

Einkaufen	Käufer	Qualität	teuersten
Sommerschlußverkauf	billiger	teurer	besser
Sonderangebote	reduziert	enttäuscht	

BIS ZU 50% BILLIGER!!

Der (1) _____ ist nicht nur für viele Kölner eine Attraktion. Wie jedes Jahr sind auch diesmal wieder viele (2) _____ aus den Nachbarländern zum (3) _____ gekommen — unter ihnen auch einige Schweizer. Sie finden viele Waren (4) _____ als in der Schweiz und sind mit der (5) _____ meistens zufrieden. Besucher aus den USA sagen allerdings, daß alles viel (6) _____ ist. Am (7) _____ sind für sie die Elektroartikel. Engländer kaufen gerne Schuhe. Sie finden die deutsche Qualität viel (8) _____. Aber wer nicht (9) _____ werden will, muß schnell reagieren. Manche (10) _____ sind so stark (11) _____, daß sie sehr schnell weg sind.

Alles zum HALBEN PREIS!

Part B

Now translate the article into English.

_____

_____

_____

_____

_____

_____

UNIT

7

ICH BEZAHLE DAS MIT SCHECK

1 Writing checks

Fill in the missing information for the amount of each check.

1. _____   DM 199,00

2. fünfhundertdrei   DM _____

3. _____   OeS 876,00

4. neunhundertdreizehn   DM _____

5. _____   DM 444,00

2 Indefinite article

Match the items to their articles. Write "a" or "b" on the lines below.

a. eine

b. ein

1. _____ Päckchen

2. _____ Flasche

3. _____ Dutzend

4. _____ Gramm

5. _____ Becher

6. _____ Dose

7. _____ Glas

3 Death of the corner store

Part A

Are the statements True or False? Write *R* for *richtig* and *F* for *falsch*.

Extra vocabulary: *Tante-Emma-Laden* = corner store, *Erzeuger* = producer,
bequem = easy (in this case)

> In Deutschland gibt es immer weniger Tante-Emma-Läden. Sie müssen schließen, weil ihr Geschäft nicht mehr profitabel ist. Die Mieten sind zu hoch, es gibt zu wenig Parkplätze, außerdem kaufen die Leute lieber gleich alles im Supermarkt ein. Sie finden das bequemer, oft gibt es dort auch Sonderangebote.
>
> Die kleinen Läden können ihre Waren nicht so billig anbieten wie die Supermärkte. Viele Leute kaufen aber auch gerne auf dem Wochenmarkt ein. Produkte wie Eier, Obst, Gemüse und Delikatessen werden dort oft direkt vom Erzeuger verkauft.

1. _____ Mehr und mehr Leute gehen in die Supermärkte.

2. _____ In den Tante-Emma-Läden gibt es viele Superangebote.

3. _____ Die Supermärkte können ihre Waren billiger anbieten als die kleinen Läden.

4. _____ Kleine Läden müssen schließen, weil sie die Miete nicht mehr zahlen können.

5. _____ Die kleinen Läden machen aber immer noch gute Profite.

6. _____ Wochenmärkte sind nicht sehr beliebt.

7. _____ Im Supermarkt werden Produkte wie Eier, Obst und Gemüse oft direkt vom Erzeuger verkauft.

Part B

Now write the German for the following phrases and sentences.

1. They think it's easier. _____

2. The rents are too high. _____

3. ... directly from the producer. _____

4. There are too few parking spaces. _____

5. Often, there are special offers there. _____

6. Besides, people prefer to buy everything in the supermarket. _____

_____

4   Adjectives

Write the opposites next to the words below.

1. groß _____

2. alt _____

3. lieb _____

4. häßlich _____

5. geschlossen _____

6. teuer _____

7. schnell _____

8. heiß _____

5   Shopping for food

This is what's in Karin's refrigerator.

And this is what she needs:

potatoes (2.5 kg)	ground beef (500 g)
milk (2 liters)	wine (red, 1 bottle)
bananas (1 kg)	dog food (5 cans)
eggs (1 dozen)	oil (1 liter)
onions (0.5 kg)	parmesan cheese (500 g)
tomatoes (1 kg)	spices
cucumbers (2)	

This week Karin's boyfriend has to do the shopping. Figure out what's needed and write out the shopping list in German.

Zweieinhalb Kilo
Kartoffeln

6   *Mich or mir?*

Fill in the blanks with either *mich* or *mir,* depending on which is correct.

1. Können Sie für _____ zur Bank gehen?

2. Helfen Sie _____ bitte!

3. Bitte buchen Sie diesen Flug für _____.

4. Diese Stadt gefällt _____ sehr gut.

5. Sagen Sie _____ bitte, wo es hier einen Markt gibt.

7   **At the travel agent**

Fill in the blanks.

Ticket	Sondertarif	im Voraus
Flug	abends	fliegen
Morgenmaschine	buchen	Wochenende

LORE: Ich möchte einen (1) _____ nach Frankfurt (2) _____.

ANGESTELLTE: Ja, wann wollen Sie denn (3) _____?

LORE: Am übernächsten (4) _____, am liebsten am Samstag.

ANGESTELLTE: Kein Problem, da bekommen Sie sogar einen (5) _____.

LORE: Ja, warum?

ANGESTELLTE: Weil Sie sieben Tage (6) _____ buchen.

LORE: Und was kostet das (7) _____?

ANGESTELLTE: 450 Mark. Möchten Sie lieber morgens oder (8) _____ fliegen?

LORE: Ich nehme lieber die (9) _____.

UNIT
8
HABEN SIE FAMILIE?

Objectives
- Understanding adjectives
- Talking about yourself and your family
- Practicing the use of opposites
- Describing people

1 Descriptions

Part A

On the chart, write down the possible combinations from the Word Box.

klein	lang	rund	o̶v̶a̶l̶	lockig	blond
schlank	kurz	groß	eckig	schwarz	dick

das Gesicht ist...	die Ohren sind...	die Nase ist...	die Haare sind...	die Figur ist...	die Augen sind...	der Hals ist...
oval						

Part B

Now how would you describe Hanno and Petra?

1. Petra hat eine lange Nase,

          a. große _____,

          b. einen langen _____,

          c. kurze lockige _____,

und   **d.** eine dicke _____.

2. Hanno hat eine schlanke   Figur,

          e. _____ Haare,

          f. _____ Gesicht,

          g. _____ Ohren,

          h. _____ Nase,

und   **i.** _____ Hals.

2   **Who are they?**

Name the relatives described.

1. die Mutter von meiner Mutter
2. die Kinder von meinen Eltern
3. der Bruder von meiner Mutter
4. die Eltern von meiner Mutter
5. die Tochter von meiner Schwester
6. mein Vater und meine Mutter
7. der Sohn von meiner Schwester
8. der Vater von meinem Vater
9. die Schwester von meinem Vater

And now, what's the word for the parents of my parents' parents? The highlighted letters will tell you.

Keyword: ____ ____ ____ ____ ____ ____ ____ ____ ____ ____ ____ ____

3 **Who did it?**

Part A

Which of the four characters below is the suspect?

Er hatte keine totale Glatze, aber nicht mehr viel Haare auf dem Kopf. Er trug eine eckige Brille und hatte einen langen Bart. Er sah ziemlich alt aus. Er war klein und hatte einen ganz runden Bauch.

Herr Karlson

Herr Dimpel

Herr Engel

Herr Matz

The suspect is _____.

Part B

Now describe the three non-suspects. Use the present tense.

_____

_____

_____

_____

_____

_____

_____

_____

_____

4 Opposites

Write out the German word or phrase that means the opposite of items 1–10.

1. schlank _____

2. rund _____

3. blond _____

4. länger _____

5. älteste _____

6. verheiratet _____

7. finden _____

8. Superfrau _____

9. sieht toll aus _____

10. gemeinsam _____

5 Families

Cross out the item in each group that does not belong.

1. Tante	Nichte	Neffe	Enkelin	Schwester
2. Haare	Gesicht	Nase	Augen	Bauch
3. Sohn	Vater	Mutter	Tante	Onkel
4. nett	liebevoll	übel	sportlich	attraktiv
5. geschieden	ledig	verheiratet	schüchtern	vermählt

6 Impossible

Five people are missing. Luckily the police have been provided with their descriptions. Unfortunately the descriptions don't make sense. Some statements are contradictory and need further clarification. Underline these contradictions.

1. Margot ist schlank, rothaarig, mit langen Beinen und einer dicken Figur.

2. Anita ist jung, blond, hat blaue Augen und lockige dunkle Haare.

3. Marianne ist ziemlich klein. Sie hat kurze braune Haare und einen weißen Schnurrbart.

4. Christoph hat schwarze Augen, dunkelbraune Haare, eine sportliche Figur und eine Glatze.

5. Helmut ist klein, aber er hat große Ohren, eine lange Nase und einen dicken Bauch. Er hat nur noch zwei Haare auf dem Kopf und sieht wirklich toll aus.

7 Matchmaking

Who might make a good match?

1 Er,

28/173 kein Supermann, sucht keine Superfrau sondern Partnerin für's Leben.

2 Witwe,

58 aus Rumänien, sucht netten Mann zum heiraten.

3 Tierarzt,

34/184 ledig, schlank, sportlich, sucht keinen Flirt sondern Frau, auch mit Kind, für immer.

4 Junger Inder,

27 Jahre, 178 cm groß, Nichttrinker, sucht liebe Frau. Spätere Heirat erwünscht.

5 Er

28, etwas schüchtern, aber nicht von gestern, sucht nettes Mädchen für gemeinsame Freizeitaktivitäten.

6 Haben Sie für die Ferien schon eine Begleitung?

Zwei attraktive, charmante Damen freuen sich auf Ihr Fax...

7 Rebecca,

(4 1/2) sucht einen liebevollen Papa und für ihre Mama (31) einen netten Lebenspartner.

8 2 Jungs,

27/29 sportlich, reiselustig, suchen zwei tolle Frauen für gemeinsamen Spaß

9 Rentner,

Mitte 60, bietet alleinstehender Frau gutes Zuhause.

10 Temperamentvolle Romantikerin,

31/160 gutes Aussehen, Hobbys: Telefonieren, Küssen, sucht Mann

Possible matches:

_____

_____

8 | **Love — the old story**

Read the poem from Heinrich Heine's *Buch der Lieder*. Put the pictures in the correct order.

Extra vocabulary: *Jüngling = junger Mann, gewählt* = chosen, *vermählt = sich vermählen* = to get married, *in den Weg laufen* = to come across someone's path, *übeldran* = in a bad way, *passieret = passiert* = to happen, *entzwei* = in half

Correct order of pictures is:

_____ _____ _____ _____

Ein Jüngling liebt ein Mädchen,
Die hat einen andern gewählt;
Der andre liebt eine andre
Und hat sich mit dieser vermählt.

Das Mädchen heiratet aus Ärger
Den ersten besten Mann,
Der ihr in den Weg gelaufen;
Der Jüngling ist übel dran.

Es ist eine alte Geschichte,
Doch bleibt sie immer neu;
Und wem sie just passieret,
Dem bricht das Herz entzwei.

UNIT

9

ZUHAUSE IN DEUTSCHLAND?

··

┌─ ─ ─ ─ ─ ─ ─ ─ ─ ─ ─ ─ ─ ─ ─ ─ ─┐

Objectives
- Reviewing vocabulary about countries,
  nationalities, and languages
- Asking about someone's personal history

└─ ─ ─ ─ ─ ─ ─ ─ ─ ─ ─ ─ ─ ─ ─ ─ ─┘

1 **Origins**

Complete the chart below.

Nicole

Donatella

Carmen

Nana

Yoko

Alison

Nico

Andrej

Sie, er heißt...	ist aus...	ist...	spricht...
1. Nicole	Frankreich		
2. Alison		Engländerin	
3. Donatella			italienisch
4. Nico	Rumänien		
5. Yoko		Japanerin	
6. Andrej		Pole	
7. Carmen	Spanien		
8. Nana		Griechin	

2   **Beg your pardon?**

Cross out the phrase in each group that does not belong. Then write the translation for the phrase that does not belong.

„Ich verstehe kein Wort!"

1. **a.** Wie bitte?

   b. Ich verstehe!

   c. Was haben Sie gesagt?

   _____

2. **a.** Das finde ich auch!

   b. Noch einmal bitte!

   c. Bitte wiederholen Sie das!

   _____

3. **a.** Nicht so schnell bitte!

   b. Können Sie das bitte langsamer sagen?

   c. Sie sprechen zu langsam.

   _____

4. **a.** Ich weiß, wie man das schreibt.

   b. Können sie das buchstabieren!

   c. Wie schreibt man das?

   _____

3   **Biography**

Match the columns by drawing lines between them.

1. Nahid kommt aus   **a.** es sehr schwer.

2. Sie ist   **b.** sie wieder zurück in den Iran.

3. Seit einem Jahr lebt   **c.** dem Iran.

4. Sie spricht   **d.** in Deutschland studieren.

5. Sie hat ihr Deutsch   **e.** in Teheran aufgewachsen.

6. Am Anfang war   **f.** ihr sehr geholfen.

7. Aber sie wollte   **g.** sie in Deutschland.

8. Ihre Freunde in der WG waren   **h.** in der Sprachschule gelernt.

9. Sie haben   **i.** sehr freundlich.

10. Eines Tages möchte   **j.** schon sehr gut deutsch.

4 **An interview**

Marit is from Norway but now lives in Germany. What questions did the interviewer ask? Write the questions.

1. *INTERVIEWER:* _____

    MARIT: Ich bin in Norwegen aufgewachsen.

2. *INTERVIEWER:* _____

    MARIT: Ich bin in Oslo zu Schule gegangen.

3. *INTERVIEWER:* _____

    MARIT: Ich habe in der Schule Deutsch gelernt.

4. *INTERVIEWER:* _____

    MARIT: Ich lebe schon seit acht Jahren hier in Marburg.

5. *INTERVIEWER:* _____

    MARIT: Ich bin nach Deutschland gekommen, um zu studieren.

6. *INTERVIEWER:* _____

    MARIT: Ja, ich möchte irgendwann nach Norwegen zurück.

5 **What is it?**

Unscramble the five words.

1. REDLÄUNAS _____

2. DUSTPLANZEIT _____

3. ERAME _____

4. GREIHSÄCEL _____

5. LUCHRACHPESS _____

6 Immigrants in Germany

To what category of immigration does each statement below apply?

> a. Gastarbeiter
> b. Asylanten
> c. Aussiedler/Übersiedler

1. _____ ... waren der westdeutschen Regierung willkommen.

2. _____ ... kamen aus politischen Motiven.

3. _____ Viele kamen auch aus der ehemaligen DDR.

4. _____ Siebzig Prozent kamen nach Deutschland.

5. _____ Fast siebzig Prozent ihrer Kinder sind in Deutschland geboren.

6. _____ ... waren weniger willkommen in Deutschland.

7. _____ ... kamen in den achtziger Jahren.

8. _____ ... kamen in den sechziger und siebziger Jahren.

9. _____ ... hatten einen deutschen Hintergrund.

10. _____ Fast die Hälfte lebt seit mindestens zehn Jahren in Deutschland.

11. _____ ... waren besonders viele Türken und Italiener.

Die erste Welle von Gastarbeitern kam in den 60er und 70er Jahren. Damals gab es eine große Regierungs-Kampagne für die Anwerbung von ausländischen Arbeitskräften in Ländern wie die Türkei, Griechenland, Jugoslawien, Italien, aber auch Portugal, Morokko und Tunesien. Sie sollten in die Bundesrepublik kommen, weil es dort so viele offene Stellen gab. Die meisten Gastarbeiter waren aus der Türkei und Italien. Heute leben fast 50% seit mindestens 10 Jahren in Deutschland. Über zwei drittel ihrer Kinder sind dort geboren.

In den 80er Jahren gab es eine zweite, weniger willkommene Welle von Asylanten aus Osteuropa und den Entwicklungsländern. 70% aller Flüchtlinge, die in der EG politisches Asyl suchten, kamen nach Deutschland.

Seit den frühen 90er Jahren kam eine neue Welle deutscher Rückwanderer: zuerst waren es Aussiedler aus Polen, Rumänien und der ehemaligen Sowjetunion, dann Übersiedler aus der ehemaligen Deutschen Demokratischen Republik.

Objectives
- Knowing how to reserve a hotel room
- Making a complaint
- Checking comprehension

1 ## Cirque du Soleil

Which statements are wrong? Cross out the incorrect statements. In some groups, you may have to cross out more than one.

1. Im Sommerzirkus sieht man
   a. Elefanten.
   b. Tiger.
   c. keine Tiere.

2. Der Zirkus
   a. war schon einmal in Deutschland.
   b. war noch nie in Deutschland.
   c. kommt noch einmal nach Deutschland.

3. Insgesamt sind in dem Zirkus
   a. 20 Artisten aus 6 Ländern.
   b. 45 Artisten aus 9 Ländern.

4. Die Artisten
   a. tanzen.
   b. jonglieren.
   c. reiten.
   d. machen Akrobatik.

5. Wohin kommt der Zirkus im Februar?
   a. Nach Düsseldorf.
   b. Nach Wien.
   c. Nach Hamburg.

Hamburg
Saltimbanco: Händler des Glücks

Der „Cirque du Soleil" aus Kanada hat keine Elefanten, keine weißen Tiger, ja, überhaupt keine Tiere in der Manege. Und doch ist dies vielleicht der poetischste, der schönste, der zauberhafteste Zirkus der Welt. Ein Meisterwerk an Choreographie und Trapezkunst: Akrobaten, Jongleure, Magier, Tänzer, Luft- und Gummimenschen bieten ein Festival der Phantasie. In Berlin, Düsseldorf, Wien — praktisch in aller Welt — hat der Zirkus bereits Hunderttausende verzaubert. Wer das Deutschland-Programm des 'Cirque du Soleil' sehen will, hat im Frühjahr noch einmal eine Chance: im Februar kommt der 'Sonnenzirkus' nach Hamburg. Vom 6. bis 20.2. treten die fünfundvierzig Artisten aus neun Ländern in der Hansestadt auf. Das traditionsreiche Maritim-Hotel „Reichshof" am Hauptbahnhof (mit der schönsten Bar) bietet ein Pauschalpaket an: zwei Übernachtungen im Doppelzimmer, Frühstück, Cocktail, ein festliches Menü und das Ticket für einen sehr guten Platz im Sonnenzirkus kosten 348 Mark pro Person. (Auskunft: Hotel Reichshof, Tel. 040/2483.)

6. Was ist in dem Pauschalangebot des Hotels Reichshof alles inklusive?
   a. zwei Nächte
   b. Mittagessen
   c. Frühstück
   d. Abendessen
   e. Eintrittskarte für den Zirkus

7. Und was wäre der Preis für zwei Personen?
   a. 348 DM
   b. 646 DM
   c. 1282 DM

Part B

What are the German equivalents for the following terms?

1. the most poetic circus _____

2. a masterpiece of choreography _____

3. all over the world _____

4. another chance _____

5. the Maritim Hotel, which is steeped in tradition _____

6. with the most beautiful bar _____

7. with a very good seat _____

8. a festive menu _____

2 Fill in the blanks

Rechnung	mich	Frühstück
Handtücher	nicht	nichts
Kaffee	Dusche	

1. Ich möchte _____ beklagen.

2. Meine _____ stimmt nicht.

3. Ich habe _____ aus der Minibar getrunken.

4. Ich habe _____ telefoniert.

5. Das _____ kam viel zu spät.

6. Meine _____ waren schmutzig.

7. Die _____ funktioniert nicht.

8. Und der _____ war schon eiskalt.

3   What is it? *(im Hotel)*

Match each of the German definitions on the left with the correct word or phrase on the right. One item in the column on the right will not be used.

1. Ein Zimmer mit zwei Betten.

2. Dort badet man, wenn es kein Bad gibt.

3. Ich brauche das, um sicher zu sein, daß ich ein Zimmer bekomme.

4. Das Hotel hat keine Zimmer frei.

5. Mein Brief an das Hotel endet mit

6. Ein Zimmer mit einem Bett

7. Sie geben mir den Namen eines anderen Hotels in der Nähe.

8. Mein Brief an das Hotel beginnt mit

9. Man braucht das nach der Dusche.

10. Man bleibt für eine Nacht im Hotel.

_____ **a.** empfehlen

_____ **b.** Reservierung

_____ **c.** Sehr geehrte Damen und Herren

_____ **d.** Aufenthalt

_____ **e.** Doppelzimmer

_____ **f.** Handtuch

_____ **g.** Dusche

_____ **h.** Nächte

_____ **i.** voll belegt

_____ **j.** Einzelzimmer

_____ **k.** Hochachtungsvoll!

4   Portrait of Magdeburg

Review the passage about Magdeburg on page 130 of your course book. Then answer the following questions about René Wittke and his problems. Answer in complete German sentences.

1. Wo wohnt René?

_____

2. Warum konnte er seine Miete nicht mehr zahlen?

_____

3. Warum hat er seine Luxusgüter verloren? Wann hat er sie gekauft?

_____

4. Was verlor er noch?

_____

5. Was ist Magdeburg?

_____

> *Objectives*
> • Understanding word order in German sentences
> • Asking people their opinions and expressing opinions
> • Practicing translating
> • Reviewing the comparative form

1

Reading for comprehension

After you have read the magazine article on page 153, read the following statements. **Mark each** *R* for *richtig* or *F* for *falsch.*

_____ **1.** In dem Hochhaus leben rund 400 Menschen.

_____ **2.** Die Atmosphäre ist kälter als früher.

_____ **3.** Frau Martin wohnt gerne in ihrer Wohnung.

_____ **4.** Sie macht viele Reisen.

_____ **5.** Sie arbeitet als Gärtnerin.

_____ **6.** Frau Hirschfeld liebt den Blick aus ihrem Fenster.

_____ **7.** Sie kauft oft teures Parfüm.

_____ **8.** Sie hat kein Auto.

_____ **9.** Viele Mieter leben erst seit kurzer Zeit in dem Hochhaus.

_____ **10.** Die Mieten sind seit DDR-Zeiten sehr viel teurer geworden.

_____ **11.** Die Menschen in dem Haus haben viele verschiedene Berufe gelernt.

_____ **12.** Nur wenige sind jetzt arbeitslos.

Leben im Hochhaus
Hinter jede Tür verbirgt sich eine Geschichte.

Juri-Gagarin-Ring 139. Ein Hochhaus mitten in Erfurt, der Landeshauptstadt Thüringens. Unter seinem Dach leben auf 16 Stockwerken rund 400 Menschen. Jeder mit seinen Träumen und Hoffnungen, mit seinen Problemen und Ängsten. Hinter jeder Tür verbirgt sich eine andere Geschichte.

„Es ist kälter geworden", meint Corinna Martin (29), Mutter zweier Kinder. „Ich fühle mich hier manchmal wie im Gefängnis. Wenn ich nicht meine Arbeit als Gärtnerin hätte, würde ich durchdrehen." Sie will raus aufs Land, in die Nähe von Frankfurt, wo ihr Mann seit einem Jahr arbeitet.

„Ich mag unser Haus", erklärt Gisela Hirschfeld (63). „Ist der Blick aus dem Fenster nicht zauberhaft?" Die pensionierte Lehrerin ist mit ihrem Mann ständig auf Achse. Die beiden wollen möglichst viel von der Welt sehen. Gisela Hirschfeld: „Ich brauche kein teures Parfüm, keine neue Küche und kein Auto. Wir verreisen lieber."

Viele Mieter sind mit dem Haus alt geworden, leben seit 1970 in ihren Ein-, Zwei- und Dreizimmerwohnungen. Zu DDR-Zeiten hat die Miete 120 Mark gekostet, heute sind es 700 Mark. Bis Dezember wird das Gebäude für 18,4 Millionen Mark saniert: Badezimmer, Fenster, Heizung, Aufzug, Fassade werden erneuert.

Das Hochhaus als Mikrokosmos: hier leben ehemalige NVA-Offiziere und Direktoren, Rentner und Ingenieure, Facharbeiter und Krankenschwestern, Lehrer und Friseusen unter einem Dach. Viele Menschen sind ohne Job, manche schon seit der Wiedervereinigung. Erfurt hat — wie Thüringen — 19 Prozent Arbeitslose. (Deutschland insgesamt 11, 1 Prozent)

Familie Martin

Ihren Papa sehen Marleen (9) und Michael (6) nur am Wochenende. Er arbeitet in Frankfurt/Main. Deshalb dürfen sie manchmal am Abend mit ihm telefonieren. „Ich bin in einem kleinen Dorf aufgewachsen und habe immer meine Freiheit gehabt", erzählt Corinna Martin (29). „Hier fällt mir die Decke auf den Kopf. Und ganz heimlich träume ich auch noch davon, einen Job in einem Zoo zu bekommen."

Familie Schuster

„Vor der Wende waren die Leute viel offener und nicht so mißtrauisch", meint Kuno Schuster (44). Der Hobby-Diskjockey wohnt mit seiner Frau und Söhnchen Kuno (5) seit 1990 im 9. Stockwerk. Und träumt davon, irgendwann an den Stadtrand zu ziehen. „Hier ist die Luft so schlecht, und das Umfeld hat sich negativ verändert. Dauernd kommt die Polizei..." „Vielleicht gewinnen wir ja mal im Lotto", sagt Gabriele Schuster (33), die im Januar arbeitslos wurde. „Ich finde sicher bald wieder einen Job."

Gisela Hirschfeld und Kater Murkel

„Ich liebe meinen Beruf, aber heute möchte ich nicht mehr Lehrerin sein, wenn die Kinder nach der Schule die Arbeitslosigkeit erwartet."

Frau Eger

„Seit mein Mann vor fünf Jahren so plötzlich gestorben ist, fühle ich mich oft einsam. Deshalb bin ich froh, daß ich den Hund habe", sagt Ilse Eger (64). Sie wird immer noch traurig, wenn sie von ihrem Mann spricht. In Gedichten versucht die pensionierte Schuldirektorin, die tiefe Trauer abzuarbeiten.

Familie Düsterdick

„Unsere Ehe ist harmonisch. Das hat uns die Stasi sogar schriftlich bestätigt." Gerhard (64) und Gisela (59) Düsterdick zeigen uns die Ordner. Dreieinhalb Jahre lang wurden sie in ihrer Wohnung abgehört: in den Protokollen können sie heute nachlesen, was sie vor 15 Jahren in den eigenen vier Wänden gesagt und gemacht haben.

Extra vocabulary: *mitten in* = in the middle of, *Dach* = roof, *Hoffnung* = hope, *sich verbergen (verbirgt)* = to hide, *Gefängnis* = prison, *durchdrehen* = to go around the bend, to lose one's mind *(coll.)*, *zauberhaft* = magical, *auf Achse* = traveling, *sanieren* = to renovate, *Fenster* = window, *Heizung* = heating, *NVA Offizier* = East German army officer, *Facharbeiter* = skilled worker, *Krankenschwester* = nurse (f), *Decke* = ceiling, *heimlich* = secretly, *einsam* = lonely, *mißtrauisch* = suspicious, *Umfeld* = environment, *Stasi* = East German secret police, *schriftlich* = written, *Ordner* = file, *Wand* = wall, *abhören* = to bug

2   ## Family portraits

Find the German equivalents in the article and write them down. But first, see if you can translate the sentences without looking at the German text.

1. Before reunification the people were much more open.

   _____

2. Here the air is so bad.

   _____

3. Perhaps we'll win the lottery.

   _____

4. I'm bound to find another job soon.

   _____

5. Our marriage is harmonious.

   _____

6. For three and a half years their apartment was bugged.

   _____

7. She still gets sad when she speaks about her husband.

   _____

8. They see their father only on weekends.

   _____

9. I grew up in a small village and always had my freedom.

   _____

10. I would not want to be a teacher today.

    _____

3 **Who said that?**

Read the article and indicate to whom the speech bubbles belong.

1. Ich finde bald einen neuen Arbeitsplatz.

4. Ich möchte gern im Lotto gewinnen.

7. Ich will in der heutigen Zeit keine Kinder mehr unterrichten.

2. Ich möchte im Zoo arbeiten.

5. Meine Gedichte helfen mir sehr.

8. Manchmal rufen wir Abends unseren Vater an.

3. Wir führen eine gute Ehe.

6. Ich bin seit fünf Jahren Witwe.

9. Ich möchte lieber auf dem Land wohnen.

1. _____   6. _____

2. _____   7. _____

3. _____   8. _____

4. _____   9. _____

5. _____

4 **Practicing comparatives**

In Part A, choose the right adjectives to go with the nouns. Then, in Part B, form comparative sentences. Various combinations are possible.

Example: Straßen + unsicher

    Die Straßen sind unsicherer geworden. _____

Part A

1. Straßen   **a.** gering
2. Großbetriebe   **b.** klein
3. Renten   **c.** unsicher
4. Atmosphäre   **d.** groß
5. Arbeitszeit   **e.** hoch
6. Welt   **f.** mißtrauisch
7. Freizeit   **g.** reich
8. Leben   **h.** kalt

Part B

1. _____

2. _____

3. _____

4. _____

5. _____

6. _____

7. _____

8. _____

5 After reunification

Answer the following questions about recent German history. Answer in complete German sentences.

1. Warum ist nicht alles in dem neuen deutschen Staat positiv?

    _____

2. Seit wann gibt es die DDR nicht mehr? Wie heißt dieses Datum heute?

    _____

3. Wann baute man die Berliner Mauer? Wann wurde die Mauer geöffnet?

    _____

4. Wann wurde Deutschland geteilt? Wie hießen die beiden deutschen Staaten?

    _____

5. Von welchen Nationen wurde Westberlin verwaltet? Ostberlin?

    _____

6 Positive and negative

After reviewing the information about *Deutschland nach der Wende* in this unit, fill in the following chart. You should have at least three German sentences for each category.

positiv +	negativ -
Es gibt mehr zu kaufen.	

UNIT
12
WO TUT ES WEH?

1

A cartoon

Translate the cartoon.

Ganz neue Schlankheitspillen — nur zwanzigmal am Tag fallen lassen und wieder aufheben.

_____

_____

_____

_____

2   Sick jokes

Match the jokes and their punchlines.

Extra vocabulary: *schnarchen* = to snore, *Skelett* = skeleton

1. „Doktor, Doktor, mein Schnarchen ist so laut, daß es mich selbst aufweckt!"

2. „Doktor, Doktor, ich glaube ich bin ein Hund!"

3. „Doktor, Doktor, ich kann mich an nichts erinnern!"

4. Ein Skelett kommt zum Zahnarzt und klagt über Zahnschmerzen.

5. „Doktor, Doktor, niemand versteht mich!"

a. „Dann schlafen Sie doch in einem anderen Zimmer!"

b. „Ihre Zähne sind in Ordnung, aber Sie haben Zahnfleischprobleme."

c. „Wie bitte?"

d. „Wann hat das angefangen?"

e. „Dann kommen Sie bitte sofort von meiner Couch runter!"

3   Body language

What do these idioms mean? Make the matches.

Extra vocabulary: *Bruch* = fracture

1. Er ist Hals über Kopf abgereist.
2. Sie sind ein Herz und eine Seele.
3. Er hat sie sicher auf den Arm genommen.
4. Hals- und Beinbruch.
5. Da hat er den Finger auf die Wunde gelegt.
6. Er lebt auf großem Fuß.
7. Er will ihr mal auf den Zahn fühlen.
8. Laß dir keine grauen Haare wachsen.
9. Er findet immer ein Haar in der Suppe.
10. Er hat ihr schöne Augen gemacht.

a. He lives the high life.
b. Don't lose any sleep over it.
c. Good luck.
d. He always finds something to quibble about.
e. He wants to sound her out?
f. He must have teased her.
g. He left in a big hurry.
h. He flirted with her.
i. They are the best of friends.
j. He touched upon a sore point.

4   The power of plants

The English translation of the German newspaper article is incomplete. Rewrite it on a separate sheet of paper, including all the missing bits.

NASA Entdeckung:
Farne und Palme gegen dicke Luft!!

Leiden Sie oft an Kopfschmerzen, Müdigkeit und Schwindelgefühlen? Vielleicht haben Sie ein schlechtes Wohnklima! Viele Möbel, Baumaterialien und Farben geben jahrelang giftige Chemikalien an die Raumluft ab. Diese Gifte schwächen Ihr Immunsystem. Was können Sie dagegen tun?

Die amerikanische

Raumfahrtbehörde NASA fand heraus: Grünpflanzen sind Medizin für unsere Lungen. Sie arbeiten in Wohnungen und Büros rund um die Uhr als Luftfilter. Ihre Blätter absorbieren Chemikalien wie Formaldehyd und Benzol und verwandeln sie in ungiftige Stoffe. Palmen und Farne sind besonders effektiv. Außerdem nicht vergessen: viel lüften!

NASA Discovery:
ferns and palms against stale air!!

Do you suffer from headaches and dizziness? Perhaps your living climate is at fault. Many pieces of furniture and building materials also give off poisonous chemicals into the air. These poisons weaken your system. The American Space Agency NASA found out: green plants are our medicine. They work as air filters around the clock. Their leaves absorb formaldehyde and benzol and transform them into non-poisonous substances. Palms are especially effective.

5   What do you say?

On a separate sheet of paper, write complete German sentences for the following situations.

1. You tell the doctor that...

   a. your leg hurts.

   b. you have a fever and you think you have the flu.

   c. you are coughing a lot and have a sore throat.

   d. you want to lose weight.

   e. you have a backache.

2. You ask the pharmacist

   a. for something for a headache.

   b. to recommend an ointment for sunburn.

   c. if these tablets require a prescription.

   d. to recommend something for itching.

   e. if you have to take the tablets three times a day.

UNIT
13
GESUNDHEIT UND FITNEß

....

┌─────────────────────────────────────┐
│   │
│   *Objectives*   │
│   • Comparing different lifestyles   │
│   • Practicing the use of superlatives│
│   • Talking about your likes and dislikes │
│   • Reading brochures and newspaper articles │
│   │
└─────────────────────────────────────┘

1 Natural cures

Hilde Häring wants to go on a "Kur" in the South German spa town Bad Waldsee. Study her letter to the Kurzentrum Sonnenhof and compare it with the brochure. What are the facilities that they will not be able to offer her?

Extra vocabulary: *Ursache* = cause, *äußere* = outer

Wir suchen nach inneren Ursachen der Krankheit und behandeln nicht nur äußere Symptome! Erstes privates Kurzentrum im gemütlichen Allgäuer Stil. Wir haben alles unter einem Dach: Arztsprechstunde im Hause, moderne Zimmer mit Dusche, WC, Telefon und TV, Balkon, Heimkino, Lift, medizinische Bäder, Trockenmassagen, Kneipp-Einrichtungen (Fuß- und Armbäder), Inhalationen, Moorpackungen, Hallenschwimmbad, Sauna, Solarium, Tischtennis. Vollpension oder auf Wunsch Diät. Parkplätze für jedes Zimmer. Garagen können angemietet werden. Wir freuen uns auf Ihren Besuch Familie Jedelhauser

Sehr geehrte Familie Jedelhauser

Ich suche ein gemütliches Kurhaus und ein komfortables Zimmer mit Bad und Balkon. Ich möchte in meinem Zimmer fernsehen und telefonieren können, außerdem gehe ich gern ins Kino. Gibt es bei Ihnen in der Nähe ein Kino? Natürlich möchte ich auch einkaufen. Es wäre schön, wenn Sie in Ihrem Hotel auch eine eigene Boutique hätten. Mein Arzt empfiehlt, ich solle jeden Tag schwimmen — geht das bei Ihnen im Haus? Ich brauche auch tägliche Massagen und spezielle medizinische Bäder. Außerdem spiele ich gerne Tennis — ich hoffe, Sie haben einen eigenen Tennisplatz. Kann ich mein Auto in einer Garage abstellen? Und, am wichtigsten, kann ich den Doktor im Haus konsultieren? Bitte schicken Sie mir Ihre Broschüre und Preisliste zu.

Freundliche Grüße

Hilde Häring

PS. Man kann bei Ihnen auch rein vegetarisches Essen bekommen?

2 Portrait of a young sports woman

True or false? Read the newspaper article and then the summary below. Check the facts. Correct any errors you find in the summary by crossing out the mistake and writing the correction over it.

Stefanie Weiß wohnt in Biberach. Sie geht in die Mittelschule in Leutkirch in die achte Klasse. Ihr wichtigstes Hobby ist Tennisspielen, aber sie reist auch gerne, sieht sich Filme an, und liebt das Einkaufen. Sie kommt aus einer Familie mit Tennistradition. Ihre Mutter hat ihr das Tennisspielen beigebracht. Sie spielt für drei Vereine und trainiert insgesamt sechs - bis siebenmal in der Woche. 1996 war sie die beste deutsche Spielerin in ihrem Jahrgang. Ihr Sportidol ist Steffi Graf. „Verlieren ist schlimm", sagt sie, „aber das muß man auch verkraften können." Am liebsten würde sie in allen Fächern eine Eins haben.

Stephanie Weiß aus Leutkirch

Schule: Hans Multscher Gymnasium Leutkirch, Klasse 8a

Hobbys: Tennis spielen, Musik hören, Freunde treffen, Kino gehen, einkaufen

Hintergrund: Die ganze Familie spielt aktiv Tennis, Vater brachte Ihr Tennisspielen bei

Vereine: TC Leutkirch, TC Biberach

Training: fünfmal die Woche plus ein bis zweimal Konditionstraining

Die größten Erfolge: Sommer 1995: Dritte im Einzel und Doppel bei den Deutschen Meisterschaften in Köln. 1996: Württembergische Meisterin in ihrem Jahrgang

Was war deine schlimmste Niederlage? Jede Niederlage ist schlimm, aber man muß auch verlieren können.

Welche/n Sportler/in bewunderst Du? Steffi Graf

Welche Schlagzeile würdest Du gerne über dich lesen? Stefanie Weiß hat das Abitur mit 1,0 bestanden.

3 Superlatives

Review the *Sprachtip* on page 142 of your course book and then complete this exercise. Use the superlative form of the adjective in bold.

Example: Dieses Land ist **schön,** aber Österreich ist das schönste Land.

1. Diese Sportart ist **beliebt,** aber hier ist Fußball die _____ Sportart.

2. **Viele** Deutsche sind Vegetarier, aber die _____ Deutschen essen Fleisch.

3. Dieser Baum ist **alt,** aber der _____ Baum ist der Bristlecone.

4. Dieses Auto ist **gut,** aber das _____ Auto ist dort.

5. Diese Burg ist **lang,** aber die _____ Burg Deutschlands ist in Burghausen.

UNIT
14
ICH MACH' MAL EINEN ANFÄNGERKURS

1

Jobs for Europe

After you read the article, fill in the blanks in the exercise on the next page.

Europa Jobs
Französisch im Kindergarten, Erdkunde auf englisch – was können Ihre Kinder heute lernen, um morgen Karriere in Europa zu machen?

„Open your books please", bittet die Lehrerin ihre achte Klasse. Doch die 14-jährigen sollen nicht ihr Englischbuch aufschlagen: sie haben Erdkunde. Die Gymnasiasten müssen auf englisch erklären, wie die Erde zur Zeit der Dinosaurier aussah. Immer mehr Lehrer bereiten ihre Schüler schon in der Grundschule mit Sprachunterricht auf Europa vor. Wirtschaftsexperten begrüßen das: „Wer später als Ingenieur oder Chemiker nach Paris oder London geht, muß Fremdsprachen können", sagen sie.

Exzellente Sprachkenntnisse sind aber nur der erste Schritt. Berufsberater empfehlen eine Ausbildung in einem Beruf, der auch über deutsche Grenzen hinaus Zukunft hat: im Umweltschutz, Tourismus oder Bankgewerbe. Spezialisierte Berufe wie Bio-Elektroniker oder Wirtschaftsinformatiker stehen im Jahr 2000 auf der Wunschliste der Firmen in Europa ganz oben. Wer besonders gute Chancen auf dem internationalen Arbeitsmarkt haben will, macht möglichst noch in der Schulzeit ein Betriebspraktikum. Warum nicht ein paar Wochen bei der "Times" Zeitungsluft schnuppern, oder bei "Dior" in Paris testen, ob Modedesigner wirklich ein Traumberuf ist?

Sprachkenntnisse	Traumberuf	Karriere
Sprachunterricht	englisch	Arbeitsmarkt
Fremdsprache	Beruf	Betriebspraktikum

1. Manche Kinder lernen bereits in der Vorschule eine _____.

2. Das ist eine gute Basis, um später in Europa eine _____ zu machen.

3. Fächer wie Erdkunde werden in manchen Schulen bereits auf _____ studiert.

4. Wirtschaftsexperten finden es gut, die Schüler schon in der Grundschule mit _____ auf Europa vorzubereiten.

5. Ausgezeichnete _____ sind aber nur der Anfang.

6. Man sollte einen _____ wählen, der in ganz Europa Zukunft hat.

7. Es empfiehlt sich, noch während der Schulzeit ein _____ zu machen.

8. Damit hat man noch bessere Chance auf dem internationalen _____.

9. Außerdem findet man heraus, ob ein Job wie Journalist oder Modedesigner wirklich ein _____ ist.

2 Further education

Look at the course schedule below and decide who will choose each course and why.

Extra vocabulary: *Brei* = mash/semi-solid food

Frau Brown

Example: „Mein Mann ist aus England"

Ich gehe in den Englischkurs, weil mein Mann aus England ist.

Abendkurse an der VH	Wann?	Zimmer
1 Englisch	Di 1900-2100	212
2 Französisch	Mi 1900-2100	124
3 Italienisch	Di 2000-2200	124
4 Portugiesisch	Mo 1800-2000	124
5 Spanisch	Do 2000-2200	124
6 Zuerst die Milch! Und wann der Brei?	Mo 1800-1900	142
7 Gymnastik bei Osteoporose	Mi 1900-2000	120
8 Aqua-Fit	Do 1900-2000	Schwimmhalle
9 Sicher im Streß	Di 2000-2200	120
10 Wirbelsäulengymnastik	Di 1800-1900	120
11 Erste Hilfe am Kind	Mi 1900-2000	142
12 Schlank und fit	Mo 1900-2100	120

Frau Mai

1. „Ich will mein Baby richtig ernähren.”

_____

_____

Frau Krutke

4. „Ich leide an Osteoporose.”

_____

_____

Herr Köstler

2. „Ich möchte innere Ruhe finden.”

_____

_____

Herr Fuchs

5. „Ich will abnehmen und mehr Bewegung haben.”

_____

_____

Frau Abel

3. „Ich habe ein Ferienhaus in Portugal.”

_____

_____

Frau Dannemann

6. „Ich will mich mit Wassertraining fit halten.”

_____

_____

3   _daß - weil - wenn_

Review the _Sprachtip_ on page 144 and the vocabulary on pages 143–144 of your course book. Then complete the exercise, following the example. Write the English translation for each of your sentences.

Example: Ich lerne Deutsch. - Ich habe Freunde in der Schweiz. (weil)

Ich lerne Deutsch, weil ich Freunde in der Schweiz habe.

1. Ich habe Angst. - Ich komme abends nach Hause. (wenn)

_____

_____

2. Karl lernt Spanisch. - Er reist im Sommer nach Madrid. (weil)

_____

_____

3. Er weiß. - Sie will in Italien bleiben. (daß)

_____

_____

4. Ich backe mein eigenes Brot. - Ich koche gern. (weil)

_____

_____

5. Ich mache dieses Seminar. - Ich habe Zeit. (wenn)

_____

_____

UNIT
15
DIE UMWELT — WAS SOLL MAN TUN?

```
Objectives
• Talking about the environment
• Practicing wenn clauses
```

1

Friend or foe?

Who's environmentally friendly? Place an X before the sentences that describe environmentally oriented people.

_____ **1.** Ich bade gerne.

_____ **2.** Ich nehme lieber eine Dusche.

_____ **3.** Ich fahre meistens Fahrrad.

_____ **4.** Ich fahre ein Dieselauto.

_____ **5.** Und ich tanke bleifrei.

_____ **6.** Mein Auto hat einen Katalysator.

_____ **7.** Ich stelle den Motor an der Ampel nie ab.

_____ **8.** Im Winter muß ich mein Auto erst mal im Leerlauf laufen lassen.

_____ **9.** Ich fahre immer sofort ab!

_____ **10.** Ich mache Mülltrennung.

_____ **11.** Ich gieße den Garten mit Trinkwasser.

_____ **12.** Und ich gieße meinen Garten mit Regenwasser.

_____ **13.** Ich lasse das Wasser beim Zähneputzen nicht laufen.

_____ **14.** Ich kaufe keine Minipackungen für Senf oder Milch.

_____ **15.** Wenn etwas zu viel Verpackung hat, kaufe ich es nicht.

Natura-Reisen — umweltbewußt im Bus!

_____ **16.** Ich kaufe auf dem Markt ein, da braucht man am wenigsten Verpackung.

_____ **17.** Ich werfe Batterien und Farben in eine ganz normale Mülltonne.

_____ **18.** Wenn ich das Zimmer lüfte, schalte ich die Heizung ab.

_____ **19.** Ich kaufe immer Cola in Dosen.

_____ **20.** Und ich lasse mir im Geschäft immer Plastiktüten geben.

_____ **21.** Ich werfe meine Küchenabfälle in die Biotonne.

_____ **22.** Mein Küchenabfall geht auf den Komposthaufen.

_____ **23.** Und unsere Küchenreste frißt allesamt das Schwein!

2 "Dear Britta..."

Doreen has been living in Ravensburg for a little while and discovered two environmental initiatives that have amazed her. Study them and then, on a separate sheet of paper, translate her letter into German.

Extra vocabulary: *Zwerg* = dwarf, *Windel* = diaper, *Baumwolle* = cotton

Unsere Zwerge machen Berge

Zeit für einen Windelwechsel — aber sind sie hygienisch? Auf jeden Fall produzieren sie riesige Abfallberge. Für umweltbewußte Mütter und Väter gibt es jetzt eine Alternative. Saubere Baumwollwindeln werden ins Haus gebracht, die schmutzigen Windeln werden wieder abgeholt und umweltfreundlich gewaschen. Babies sollen sich wohlfühlen in ihrer Haut!

KakaDu ... — der Windelservice Info: Telefon 075-429 3737

Geschirrmobil — eine tolle Sache

Auch beim Festefeiern auf Einwegprodukte verzichten und keinen Müll produzieren — nichts ist einfacher als das. Wer ein Fest feiern will, kann bei der Stadt Ravensburg das "städtische Geschirrmobil" bestellen — die praktische Alternative zum Einweggeschirr. Dieses Mobil spült in Windesschnelle Gläser und Teller. Wenn Sie möchten, können Sie auch gleich noch das richtige Geschirr mitbestellen. Eine Empfehlung: bitte reservieren Sie rechtzeitig, sonst könnten Sie enttäuscht sein.

Anrufe beim Maltser Hilfsdienst e.V. Telefon 36 61 39

Dear Britta,

I have been living in Ravensburg for 3 months now. I like it here. The people are very environmentally conscious. There is even a diaper service here. What do you think of that? Do you prefer disposable diapers? But — are they environmentally friendly? They produce heaps of garbage! In Ravensburg, there is an alternative. The diaper service KakaDu brings clean cotton diapers into the home, picks up the dirty ones and washes them! And if you are having a party, you can order a mobile dishwasher unit. It washes glasses and plates in no time at all. A great idea, don't you think?

Lots of love, Doreen

3 *wenn*-clauses

Part A

Rewrite each sentence starting with the *wenn*-clause.

Example: Man stellt den Motor ab, wenn man an einer Ampel wartet

<u>Wenn man an einer Ampel wartet, stellt man den Motor ab.</u>

1. Man soll Glas in den Altglas-Container werfen [toss], wenn man mit den Flaschen fertig ist.

_____

_____

2. Es soll einen Katalysator haben, wenn man ein neues Auto kauft.

_____

_____

3. Es kann eine ökologische Katastrophe werden, wenn ein See vergiftet ist.

_____

_____

4. Man hat nur eine kleine Zeitersparnis, wenn die neue Bahnstraße fertig ist.

_____

_____

5. Man kann eine Anzeige bekommen, wenn das öfters vorkommt.

_____

_____

Part B

Now write the English translation for each of your sentences.

1. _____

2. _____

3. _____

4. _____

5. _____

16

DANN WÜNSCHE ICH IHNEN EIN SCHÖNES FEST!

Objectives
- Learning about German holiday customs
- Reviewing vocabulary related to holidays and festivals

1   Happy days

This is what a group of nine-year-olds wrote about their own Christmas experiences. Match the cartoons with their statements. On a separate sheet of paper, translate the statements into English.

Weihnachten

a. Vor der Bescherung gehen wir immer in die Kirche, das hasse ich. Ich freue mich, daß wir nach einer Stunde immer nach Hause gehen. Dann bin ich immer der schnellste.

b. Erst essen wir mittag, dann müssen wir in unser Zimmer gehen. Unsere Mami liest uns eine Geschichte vor. Und dann wird uns langweilig. Mami hat keine Lust mehr, und wir müssen dann immer warten und warten, und dann ist die Bescherung.

Das Weihnachtsessen

c. Meistens bekommen wir mittags nur ein Butterbrot, damit wir richtig Hunger haben. Dann bekommen wir unsere Geschenke. Und dann essen wir, soviel wir können.

Engel

d. Die Engel sind immer hinter mir her und schauen, ob ich brav bin. Und später sagen sie das dem lieben Gott.

e. Ich glaube nicht an Engel, aber man weiß ja nie ...

2   **An old custom**

Read the text. Then write *R* for *richtig* and *F* for *falsch* next to the statements.

Rund ums Osterei

Das Ei als Symbol der Fruchtbarkeit ist viel älter als das christliche Osterfest: es wurde schon von den alten Ägyptern und den Germanen verehrt. Und in China war es schon vor 5000 Jahren Sitte, zum Frühlingsanfang bunte Eier zu verschenken. Warum das Ei gerade an Ostern eine so große Rolle spielt, ist nicht klar. Vielleicht, weil die Kirche es streng verboten hatte, während der Fastenzeit vor Ostern Eier zu essen. Die Eier, die an diesen Tagen von Aschermittwoch bis Ostern gelegt wurden, konnten dann erst zu Ostern verarbeitet oder verschenkt werden.

_____ **1.** Ostereier symbolisieren Fruchtbarkeit.

_____ **2.** In China hat man schon vor Jahrhunderten zu Beginn des Frühjahrs bemalte Eier verschenkt.

_____ **3.** Die alten Germanen haben Ostern nicht verehrt.

_____ **4.** Niemand weiß genau, warum Eier an Ostern so wichtig sind.

_____ **5.** Die Fastenzeit beginnt nach Ostern.

_____ **6.** Während der Fastenzeit war es streng verboten, Eier zu essen.

_____ **7.** In den Wochen nach Ostern hatten sich viele Eier angesammelt.

_____ **8.** Zu Ostern wurden die gesammelten Eier bemalt, verschenkt und gegessen.

3   **Special occasions**

Complete each sentence.

1. Wir sind keine traditionelle Familie. Zu Weinachten fahren wir _____

_____

2. Karneval ist eine verrückte Zeit. Meine Freunde und ich _____

_____

3. Am Heiligen Abend essen wir _____ und dann _____

_____

4. Die Hochzeit von meinem Freund ist in zwei Wochen. Ich muß jetzt _____

_____

5. In Deutschland feiert man Silvester mit _____

_____

ANSWERS

Willkommen

1

Possible answers:
1. Hallo! / Guten Tag! / Tag!
2. Auf Wiedersehen! / Tschüs! / Wiedersehen!
3. Guten Morgen!
4. Guten Abend!

2

1. achtzehn
2. sechs
3. elf
4. vierzehn
5. neun
6. zwanzig
7. zwölf
8. fünf
9. null
10. eins

3

1. *Possible answers a.-e.; any 5 of any of the following, can be in any order.*
   a. Austria
   b. Switzerland (part of)
   c. Germany
   d. Northern Italy (South Tyrol)
   e. Liechtenstein / parts of Luxembourg / eastern France (Alsace)
2. more than 100 million
3. smallest population: Austria; largest population: Germany
4. a. Österreich: Wien
   b. (die) Schweiz: Bern
   c. Deutschland: Berlin

Hallo/Unit 1
Und wer sind Sie?

1

1. Ich <u>wohne</u> in Köln.
2. Guten <u>Tag</u>, Frau Heine.
3. Ich bin <u>Frau</u> Möller.
4. Auf Wiedersehen, <u>Felix</u>.

2

1. zwölf
2. acht
3. zwei
4. vier
5. achtzehn
6. elf
7. zwanzig
8. vierzehn

3

1. Ich verstehe nicht.
2. Wer sind Sie?
3. Ich bin Nico Antonescu.
4. Wie bitte?
5. Mein Name ist Nico Antonescu.
6. Und woher kommen Sie denn?
7. Ich komme aus Rumänien.
8. Arbeiten Sie hier?
9. Ja, ich arbeite hier.
10. Und was sind Sie von Beruf?
11. Ich bin Volontär.
12. Sind Sie neu hier?
13. Ja, ich bin neu hier.
14. Willkommen in Deutschland!

4

Sample answers; other combinations are possible:

<u>Woher</u> kommen Sie? (*Where do you come from?*)

<u>Wie</u> heißen Sie? (*What's your name?*)

<u>Wer</u> sind Sie? (*Who are you?*)

<u>Wo</u> wohnen Sie? (*Where do you live?*)

<u>Was</u> sind Sie von Beruf? (*What's your job?*)

5

Mein Name <u>ist</u> Andreas und ich <u>komme</u> aus München. Ich <u>bin</u> Polizist von Beruf, <u>wohne</u> in Potsdam und <u>arbeite</u> in Berlin.

6

1. heiße, heißen
2. bin, sind
3. arbeite, arbeiten
4. komme, kommen
5. wohne, wohnen

7

1. Hallo
2. Frau
3. Österreich
4. Tschüs
5. Morgen
6. Tag
7. Willkommen
8. Schweiz
9. Deutschland
10. Abend

Keyword: *Australien*

8

1. Ich heiße...
2. Ich wohne in...
3. Ich komme aus/von...
4. Ich bin Student(in).
5. Ich arbeite bei...

9

1. Ich verstehe nicht.
2. der Redakteur
3. die Studentin
4. Wie bitte?
5. wo / was / wer

Hallo/Unit 2
Der zweite Tag

1

1. Milch und Zucker? Nein, danke!
2. Nehmen Sie Platz!
3. Wie geht's Ihnen? Danke, gut!
4. Wie buchstabiert man das?

2

1. der Name / ein Name = the name / a name
2. der Kaffee / ein Kaffee = the coffee / a (cup of) coffee
3. der Beruf / ein Beruf = the profession / a profession
4. die Limonade / eine Limonade = the soda (soft drink)/ a (glass of) soda (soft drink}
5. die Anschrift / eine Anschrift = the address / an address

3

1. b.	3. a.	5. b.
2. a.	4. a.	

4

1. Janson
2. Julian
3. Kastanienstraße 3
4. Bonn
5. 11.6.75
6. München

5

1. ein Name	6. der Student
2. eine Adresse	7. ein Ausweis
3. die Straße	8. die Frau
4. ein Mann	9. eine Polizistin
5. der Beruf	10. ein Lehrer

6

Answers may vary. Possible answers include:
1. Wie geht's? / Wie geht es Ihnen?
2. Ich möchte Fruchtsaft, bitte.
3. Wie buchstabiert man das?
4. Gut, danke. / Danke, gut.
5. Ja, gern(e). / Ja, bitte.

7

1. schreibt
2. nehmen
3. Möchten
4. geht
5. wiederholen

8

Address: Name, Straße, Ort, Land
Greeting: Morgen, Abend, Tag, Hallo
Drink: Milch, Saft, Wasser, Tee
Profession: Architektin, Lehrer, Polizist

9

Possible answers:
1. Ich möchte einen Kaffee! Schwarz! (*I'd like a black coffee.*)
   Ich möchte einen Kaffee! Mit Milch bitte! (*I'd like a coffee. With milk, please.*) or Schwarz, ohne Zucker bitte! (*Black, without sugar, please.*)
2. Einen Zucker! (*One sugar.*)
   Mit Milch bitte! (*With milk, please.*)
3. OK as is. (*A cup of tea with sugar.*)
4. Ich nehme einen Saft. (*I'll take a juice.*)
   Ich nehme ein bißchen Kaffee. (*I'll take some coffee.*)
5. Ein Glas Wasser bitte! (*A glass of water, please.*)

10

1. Maximilian Murr
2. Journalist
3. Bonn
4. Bielefeld

Hallo/Unit 3
Wo ist Studio A?

1

1. b.	5. h.
2. c.	6. a.
3. e.	7. d.
4. f.	8. g.

2

1. Wo finde ich den Kiosk?
2. Wo sind die Büros?
3. Wo finde ich das Restaurant?
4. Wo sind die Studios?
5. Wo finde ich den Computer?
6. Wo ist der Automat?

3

1. Wie komme ich zur Bibliothek?
2. Wie komme ich zum Markt?
3. Wie komme ich zum Fremdenverkehrsbüro?
4. Wie komme ich zum Theater?
5. Wie komme ich zum Dom?

4

1. Wo ist der Aufzug?
2. Wo sind die Studios?
3. Wo ist der Ausgang?
4. Wo sind die Büros?
5. Wo sind die Toiletten?
6. Wo ist die Treppe?

5

Linda, Mitzi, and Dieter will all meet in the Schüttestraße. Paul is going astray.

6

Numbers are as follows:
a. 5 (Hotel Union)
b. 1 (Bank)
c. 3 (Stadtmitte)
d. 4 (Kiosk)
e. 2 (Restaurant König)

7

1. Stadtmitte	5. Ampel
2. Aufzug	6. Rezeption
3. Stock	7. Gang
4. Etage	

Keyword: *Ausgang*

8

1. e.	4. f.
2. c.	5. g.
3. b.	6. a.

Hallo/Unit 4
Was darf es sein?

1

1. Ich möchte eine Tomate.
2. Ich möchte eine Banane.
3. Ich möchte eine Birne.
4. Ich möchte einen Apfel.
5. Ich möchte eine Apfelsine.

2

a = e
b = h
d = g

3

1. 43	5. 91	9. 32
2. 68	6. 54	10. 100
3. 73	7. 30	11. 99
4. 26	8. 27	12. 84

4

a. 2, 6, 11, 12	d. 3, 14
b. 7, 10, 17	e. 4, 9, 16
c. 5, 8, 13, 18	f. 1, 15

5

Das ist Felix Bauer. Er kommt aus der Schweiz, aber er wohnt und arbeitet in Lübeck.
Sie heißt Petra Schwarz. Sie ist Cutterin by TV-POP. Sie liebt Pop und Jazz und macht gerne Musik.

6

1. Abendbrot
2. Ordnung
3. Käse
4. Verkäuferin
5. Butter
6. Zucker

7

1. Birnen
2. Pfirsich
3. Bananen
4. Weintraube
5. Äpfel

8

a. 3.
b. 7.
c. 9.
d. 2.
e. 8.
f. 6.
g. 10.

9

1. Pfund
2. Liter
3. Kilo
4. Scheiben
5. halbes
6. Gramm
7. Stück

10

Answers will vary. Possible answers include:
1. Das macht 50 Mark.
2. Nein danke. / Ja, ich möchte noch...
3. Ich möchte ein Pfund Kaffee bitte.
4. *Answers will vary.*
5. *Answers will vary.*

Erste Kontakte/Unit 1
Wie spät ist es?

1

1. Ich gehe zu Golden Eye, <u>um zwanzig vor drei</u>. 4. Er ist heute mittag um <u>zwanzig nach zwei</u>.

2

1. a. zehn nach neun
2. b. vierzehn Uhr dreißig
3. c. Viertel vor fünf
4. d. halb zwölf
5. e. einundzwanzig Uhr fünfzehn
6. f. fünf Uhr fünfzig

3

1. Es ist dreizehn Uhr dreißig.
2. Es ist null Uhr fünf.
3. Es ist neunzehn Uhr zwanzig.
4. Es ist fünfzehn Uhr fünfzehn.
5. Es ist achtzehn Uhr fünfundvierzig.
6. Es ist halb drei (Uhr) nachmittags.
7. Es ist fünf nach zehn (Uhr) abends.
8. Es ist fünf nach halb acht (Uhr) abends. / Es ist fünfundzwanzig vor acht (Uhr) abends.
9. Es ist Viertel nach drei (Uhr) morgens. / Es ist Viertel vier morgens.
10. Es ist Viertel vor sieben abends. / Es ist drei Viertel sieben abends. /Es ist fünfzehn vor sieben abends.

4

Markus: 4 (or 5) and 1
Iris: 9
Franziska: 10
Marianne: 8

5

1. a.
2. b.
3. a.
4. b.
5. b.
6. a.

6

<u>Fleisch:</u> das Hähnchen, das Schweinesteak
<u>Fisch:</u> die Scholle
<u>kein Fleisch:</u> die Kartoffeln, der Reibekuchen, der Salat, das Apfelmus, die Eier, die Zwiebeln, das Mehl
<u>Getränke:</u> der Weißwein, das Malzbier

7

Possible answers include:
1.–4. Kartoffeln, Eier, Mehl, Zwiebeln, Salz, *and* Öl
5. Apfelmus
6. Kartoffelpfannkuchen

8

1. Ist heute Montag oder Dienstag?
2. Heute ist Mittwoch.
3. Wie spät ist es?
4. Es ist halb elf.
5. Um wieviel Uhr kommt der Bus?
6. Um dreizehn Uhr fünf.

Erste Kontakte/Unit 2
Daniels am Apparat

1

1. <u>Können Sie</u> mich bitte mit Herrn Schmidt verbinden? <u>Sind Sie</u> noch da?
2. Ich kann <u>dich</u> leider nicht am Sonntag treffen. <u>Kannst du</u> bis Montag warten?
3. <u>Können Sie</u> um 10.30 in mein Büro kommen? Ich möchte <u>Sie</u> sehen.
4. Ja, ich verbinde <u>dich</u>. Für <u>Sie</u>!
5. Ich möchte <u>dich</u> zurückrufen. <u>Bist du</u> später da?

2

1. Guten Tag Frau Konrad, <u>können Sie</u> mich bitte mit Herrn Michel verbinden?
2. <u>Möchtest du</u> einen Reibekuchen essen?
3. Frau Schlömer! <u>Müssen Sie</u> heute arbeiten?
4. Sabine, kann ich <u>dich</u> heute abend treffen?

3

1. ist
2. ist
3. ist
4. sind
5. bin
6. ist
7. Ist
8. ist
9. ist

4

1. Wer
2. Wie
3. Wann
4. Wer
5. Wann

5

1. können
2. kann
3. Kann
4. kann
5. Kann
6. können

6

Possible answers:
1. Wer ist am Apparat? / Wer spricht da?
2. Auf Wiederhören!
3. Können Sie mich (bitte) mit Herrn Müller verbinden?
4. Es tut mir leid, aber Paul ist nicht da.
5. Die Telefonnummer und die Vorwahl?

7

1. a.	3. a.	5. b.
2. c.	4. b.	6. b.

8

1. Apparat	5. zurückrufen
2. Moment	6. Morgen
3. leid	7. sprechen
4. verbinden	

Keyword: *Telefon*

9

Possible answers:

1. state of Thüringen (Thuringia) in the eastern part of Germany
2. a university (one of Germany's oldest)
3. Carl Zeiss, university scientists, optical industry
4. Goethe and Schiller
5. (about) 100,000.

Erste Kontakte/Unit 3
Ich muß einen Termin machen

1

1. Monday to Wednesday from 8 A.M. to 6 P.M.
2. Yes, she has no plans for either Wednesday or Thursday.
3. She's meeting her colleagues for a working breakfast.
4. the director
5. Friday evening
6. with her husband

2

You should have checked the following:
Langenstein: 1, 3, 4
Friedrichshafen: 2, 3, 5

3

1. will, wollen
2. kann, muß
3. müssen
4. muß, können
5. kann, muß

4

1. Ich muß nach Berlin gehen (fahren).
2. Sie können Deutsch lernen.
3. Sie muß um 10 Uhr (22 Uhr) telefonieren (anrufen).
4. Ich will Reibekuchen machen.
5. Frau Weiß kann heute das Geld holen.
6. Er kann nicht nach Amsterdam fahren (gehen).
7. Wollen Sie in Deutschland arbeiten?
8. Will sie das trinken?

5

1. Sitzung
2. telefonieren
3. vereinbaren
4. frei
5. Vorschlag
6. Freitag
7. pünktlich

6

1. a. and c.
2. b. and c.
3. b. and c.
4. b. and c.
5. a. and b.

7

1. a.
2. b.
3. a.
4. b.
5. a.

8

Possible answers:

1. Cologne is on the banks of the Rhine (Rhein) and in the Rhineland region.
2. Köln is known for its cultural attractions (art galleries, theaters, opera house), its Gothic cathedral, trade fairs, its Ford factory, and as a broadcasting (radio and TV) center.
3. Cologne got its name from the Romans and the Latin word for colony, *Colonia*.
4. The construction of the Cologne cathedral lasted more than 400 years, from the 1400s to 1880.
5. Cologne is an important trade fair location as well as a center for broadcasting and manufacturing.

9

1. Konferenz
2. Kalender
3. Kneipe
4. Ecke
5. Jahr

6. Monat
7. Herbst
8. Pakete
9. Stunden
10. Geld

Keyword: *Feierabend*

Erste Kontakte/Unit 4
Ich fahre nach Amsterdam

1

Fricke, Ursula, Breite Straße 65, 24014 Lübeck, 0451/72345.
Put check marks next to: Frau, BahnCard Basiskarte, oder ab 0205 . . .

2

Possible answers include: der Bahnsteig, der Fahrausweis, das Reisezentrum, das Ausland, der Hauptbahnhof, der Fahrplan, das Reiseland, der Bahnausweis, der Reiseplan

3

1. zum	4. zum
2. zur	5. zur
3. zum	6. zum

4

1. Europa-Frühstück
2. Europa-Frühstück
3. City-Frühstück
4. Boulevard-Frühstück
5. yes

5

1. komme ... an
2. komme ... an
3. steigt ... ein
4. steigen ... um
5. steige ... aus
6. steigt ... ein
7. steigt ... um
8. steigen ... aus

6

1. Ich steige am Markt um.
2. Wir steigen am Bahnhof ein.
3. Steige ich an der Uni aus?
4. Wann kommst du in Frankfurt an?
5. Er steigt in Köln aus.

7

1. a.
2. b.
3. a.
4. b.
5. a.

8

1. Sie
2. Reisezentrum
3. Fahrpläne
4. helfen
5. sechs
6. richtig
7. Fahrkarte
8. zurück
9. einfach
10. Amsterdam
11. zweiter

9

1. Entschuldigen Sie, können Sie mir helfen?
2. Gehen Sie zum Bahnsteig 15!
3. Wie komme ich zum Bahnhof?
4. (Eine Fahrkarte nach/Einmal) Wien, hin und zurück, bitte.
5. Entschuldigen Sie, wo ist das Reisezentrum?

Erste Kontakte/Unit 5
Wie war's?

1

um halb zehn mit Herrn Maier
um halb zwölf mit Frau Daniels
eine halbe Stunde Mittagspause
um fünf hatte ich Feierabend
von sechs bis elf Uhr im Café

2

1. Er hat eine Besprechung.
2. Wir waren in London.
3. Sie war in der Kneipe.
4. Du hast eine lange Mittagspause.
5. Bist du in Amsterdam?
6. Er ist krank.
7. Ihr wart pünktlich.
8. Ich war sauer.
9. Wir haben Ferien.
10. Es ist dringend.

3

1. Ihr wart in Konstanz.
2. Wir hatten einen Termin.
3. Ich war krank.
4. War Nico in London?
5. Ich hatte eine kurze Mittagspause.

6. Warst du mit Hans im Café?
7. Wir waren sauer.
8. Waren die Fotos pünktlich?
9. Thomas und Heinrich Mann waren in Lübeck.
10. Hatten Sie einen Termin mit Herrn Weiß?

4

Konstanz, 5. September
Liebe Carola,
Viele Grüße aus Konstanz. Ich bleibe drei Wochen am Bodensee. Die Stadt ist interessant und ich mache viele Fotos. Das Wetter ist super. Es gefällt mir gut. Viele Grüße, Veronika

5

Hansestadt, Marzipan, Kuchen, Mann, Holstentor, Hamburg
Keyword: *Bremen*

6

Incompatibles: 1., 3., 4.

7

Corrected statements:
2. Am Apparat war eine Frau Toller.
4. Frau Tollers Telefonnummer ist 23789.
5. Die Vorwahl von Frau Toller ist 089.
6. Es war dringend.

Erste Kontakte/Unit 6
Die gefällt mir gut

1

Correct sequence: 4, 2, 3, 1

2

1. Dieser Film gefällt mir nicht.
2. Dieses Hemd gefällt mir.
3. Diese CDs gefallen mir.
4. Diese Tasse gefällt mir nicht.
5. Diese Gläser gefallen mir.
6. Dieses Paket gefällt mir.

3

1. gefällt
2. gefällt
3. gefallen
4. gefällt
5. Gefallen

4

1. Wir mögen Fisch.
2. Magst du Popmusik?
3. Er mag Kaffee.
4. Sie mögen Deutsch.
5. Andrea mag Broschen.
6. Mögt ihr Pizzas?
7. Sie mag Jazz.
8. Anna und Nico mögen Wein.
9. Mögen Sie Köln?

5

Wanda und Heide, Nicky und Andreas, Sara und Thomas

6

1. Wir möchten etwas essen.
2. Du magst Popmusik.
3. Er mag Kaffee.
4. Sie möchte die CD.
5. Du möchtest das Armband.
6. Sie wollen dieses Hemd.
7. Wir mögen den Film.

7

1. magst
2. mag
3. mögen
4. Mögt
5. mag
6. Mögen

8

You should have crossed out: 1.a., 2.c., 3.b., 4.b.

9

1. *Answers will vary.*
2. A *langer Samstag* is a "long Saturday," the first Saturday of the month when shopping hours are extended to 4 P.M. instead of 2 P.M.
3. The existing *Ladenschlußgesetz* can be modified by the states (*Länder*). They can alter the *langer Samstag* closing times by two hours either way.

Erste Kontakte/Unit 7
Ich möchte Geld abholen

1

1. a.
2. b.
3. a.
4. a

Picture 1: ein Brötchen, eine Zwiebel, ein Scheckbuch

Picture 2: ein kleines Kind, eine Scheckkarte
Picture 3: ein Weinglas, ein Hemd
Picture 4: Bargeld, ein Hemd

2

1. c.   4. f.   7. h.
2. a.   5. b.   8. g.
3. e.   6. d.

3

1. 110   5. 705
2. 524   6. 616
3. 902   7. 335
4. 400

4

1. Ja, ich möchte mein Geld abholen.
2. Meine Kontonummer ist 2367531.
3. Ja, das ist mein Konto.
4. Ja, ich habe meinen Ausweis dabei.
5. Meine Scheckkarte ist hier!

5

1. Ich möchte mein Geld abholen.
2. Wie/Was ist Ihre Kontonummer?
3. Meine Kontonummer ist zwei, drei, sechs, sieben, fünf, drei, eins.
4. Haben Sie Ihren Ausweis?
5. Nein, aber ich habe meine Scheckkarte.
6. Darf ich Ihre Scheckkarte sehen?

6

das Bargeld, die Vollmacht, der Auslandsschalter, die Scheckkarte, die Stadtsparkasse, die (der) Bankangestellte, der Geldautomat,
Other possibilities: die Bankkarte, der Bankschalter

7

1. Können Sie mir sagen, wo Nico ist?
2. Ja, natürlich kann ich Ihnen einen Gefallen tun.
3. Ja, natürlich gefällt mir die Brosche.
4. Können Sie mir das Geld holen?
5. Ja, natürlich bekommen Sie das Geld von mir.

8

1. Schilling, Groschen
2. Mark, Pfennig
3. Franken, Rappen

9

1. a.
2. b.
3. b.
4. a.
5. c.

10

1. vierhundertneunundsechzig
2. dreihundertfünfunddreißig
3. siebenhundertsiebenundsiebzig
4. neunhundertneunundneunzig
5. zweihundertachtundzwanzig
6. zweihundertneunundvierzig
7. einhundertfünfundachtzig

Erste Kontakte/Unit 8
Ich habe keine Wohnung mehr

1

1. Und das ist mein Mann. Er heißt Jan.
2. Ich habe zwei Schwestern. Sie heißen Karin und Sarah.
3. Das sind meine drei Brüder. Sie heißen Paul, Henning, und Martin.
4. Hier ist meine Tochter Karin. Ihre Schwester heißt Sarah.
5. Ich habe fünf Kinder, drei Söhne und zwei Töchter.

2

Mein Vater hat viel Tennis gespielt, meine Mutter hat lange Wanderungen gemacht, und meine Schwester und ich haben jeden Tag Bonbons gegessen. Aber meine Brüder haben keinen Spaß gehabt. Mein kleiner Bruder hat nicht gelacht. Er hat immer nur französisch gelernt und hat jeden Abend mit seiner Freundin in Paris telefoniert. Und mein großer Bruder hat Probleme mit seiner Bank gehabt und hat von mittags bis mitternachts in einem Restaurant gearbeitet.

3

1. spielt   5. besucht
2. lernen   6. wandere
3. höre   7. telefoniert
4. haben

4

1. Patrick-Oliver

2. P.O.M.
3. Thomas
4. Kornelia
5. in Stuttgart-Bad Cannstatt
6. today

5

1. hat, gehört
2. hat, telefoniert
3. haben, gearbeitet
4. hat/haben, gespielt
5. hat, studiert
6. hat, verkauft
7. hat, gemacht
8. hat, besucht
9. haben, gelacht
10. hat, gekauft

6

1. Wohnung
2. offen
3. London
4. Fußball
5. Spaß
6. Brüder
7. Uhr
8. Rolltreppe
9. Geschwister
Keyword: *Wolfsburg*

7

1. f.   4. a.   7. c.
2. d.   5. b.   8. e.
3. h.   6. g.

Erste Kontakte/Unit 9
Zimmer zu vermieten

1

Possible matches: 1.d., 3.b., 4.e.
Number 2 will have a problem finding something.

2

1. Wie groß ist das Zimmer?
2. Was (wieviel) kostet das Zimmer?
3. Zimmer warm oder kalt?
4. Wann könnte ich das Zimmer sehen?
5. Wie ist Ihre Adresse?
6. Ist das im Zentrum?
Note: throughout you could have used *es* instead of *das Zimmer.*

3

1. without utilities (cold)
2. for rent
3. square meters (Also written as m² in Ger.)
4. on the second floor (first floor above the ground floor)
5. including utilities (warm)

4

1. bin	6. sind
2. haben	7. ist
3. Bist	8. hat
4. ist	9. Haben
5. habe	

5

1. Wir haben den Film gesehen.
2. Ich bin in Berlin aufgewachsen.
3. Er ist am 3. Juni geboren.
4. Bist du nach Dortmund gefahren?
5. Hat sie Zeit gehabt?

6

1. d.	4. b.
2. c.	5. f.
3. e.	6. a.

7

1. Ich heiße Marika Mai.
2. Ich bin 24 (Jahre alt).
3. Ich bin in München geboren.
4. Ich bin am 3. Juni geboren.
5. Nein, ich bin in einem Dorf aufgewachsen.
6. Ich bin mit dem Bus zur Schule gefahren.
7. Ja, ich habe zwei Brüder.
8. Sie heißen Jürgen und Martin.
9. Jürgen ist 19 und Martin ist 23 (Jahre alt).

Erste Kontakte/Unit 10
Ich zeig' Ihnen mal das Haus

1

1. Arbeitszimmer
2. Schlafzimmer
3. Badezimmer
4. Gästezimmer
5. Eßzimmer
6. Garten
7. Balkon
8. WC
9. Küche
10. Wohnzimmer

2

1. a. Ich habe ein Haus.
   b. Das (Es) ist ein Einfamilienhaus.
   c. Ja, ich habe auch einen Garten.
2. a. Wir haben eine Wohnung.
   b. Ja, das ist eine Mietwohnung.
   c. Wir habe drei Zimmer mit einer Küche, WC und Bad.
   d. Nein wir haben keinen Balkon.
3. a. Ich habe ein Apartment.
   b. Das Apartment ist gekauft.
   c. Ja, ich habe auch einen Balkon.

3

1. Ich <u>mache</u> das Frühstück in der <u>Küche</u>.
2. Wir <u>essen</u> im <u>Eßzimmer</u>.
3. Er <u>badet</u> im <u>Badezimmer</u>.
4. Sie <u>schlafen/schläft</u> im <u>Schlafzimmer</u>.
5. Er <u>arbeitet</u> im <u>Arbeitszimmer</u>.
6. Sie <u>sitzen/sitzt</u> und <u>sprechen/spricht</u> im <u>Wohnzimmer</u>.

4

1. It is complicated to obtain a mortgage and house prices are high.
2. The highest rate of home ownership is in the United States (64%). The lowest rate is in Germany (39%).

5

1. großer Garten
2. kleines Zimmer
3. heiße Dusche
4. billiges Haus
5. kaltes Bad
6. schöne Wohnung

6

1. kein Weihnachtsgeschenk
2. Kühlschrank
3. Obst und Gemüse
4. Frisch vom Bauernhof
5. Wir machen Urlaub.
6. Individuelle Ferienhäuser
7. Wer strickt mir einen Pullover?
8. Fahrschule
9. Frohe Weihnachten
10. Waschmaschine
11. Arabische Skizzen
12. Handlesen
13. 8 Sorten
14. keine Panik
15. frische Landeier
16. Ferienwohnung
17. Hilfe!

Erste Kontakte/Unit 11
Waren Sie schon mal in Amsterdam?

1

1. Woher	7. Wie
2. Wohin	8. Wieviele
3. wie	9. warum
4. wie	10. wo
5. wie	11. Wie
6. Wann	12. was

2

You should have underlined: *Die ganze Woche, die ersten drei Tage, die letzten drei Tage, in einem Hotel, jeden Morgen, an den Nachmittagen*

Rewritten letter:
Von Freitag auf Samstag habe ich bei einem Freund gewohnt. Am Samstagmorgen habe ich eine lange Wanderung mit ihm gemacht. Samstag Nacht habe ich gezeltet. Den Sonntagmorgen habe ich in einem Café verbracht, Tee getrunken und lange gefrühstückt. Am Nachmittag bin ich dann auf Rügen umher gefahren und habe mir die Landschaft angeschaut. Und am Montag bin ich dann wieder zur Arbeit zurückgekommen.

3

The hidden objects are: *TASSE, GELD, TASCHE, ZELT,* and *PAKET*

4

1. c.	6. b.
2. e.	7. a.
3. g.	8. j.
4. i.	9. d.
5. h.	10. f.

5

1. War das eine lange Reise?
2. War das ein schneller Zug?
3. War das eine schöne Landschaft?

4. War das ein billiges Hotel?

5. War das ein nettes Zimmer?

6. War das ein gutes Essen?

7. War das ein toller Service?

6

1. Bestellen Sie mir ein Taxi bitte.

2. Wohin möchten Sie denn heute fahren?

3. Die Landschaft in Rügen ist schön.

4. Er trinkt ein Glas Bier in der Kneipe.

5. Warum gefällt dir (nicht) die klassische Musik nicht?

7

2. Gestern

3. Nein, mit dem Bus.

5. morgens

7. Mit dem Taxi.

9. Sie hat mir einen Kuß gegeben.

10. Wir sind in ein großes Bierzelt gegangen und haben viel Bier getrunken. Wir haben viel Spaß gehabt.

Erste Kontakte/Unit 12
Ich muß zum Zahnarzt gehen

1

1. Uwe hat Fieber.
   a. Er darf nicht ...
   b. Er muß ...
   c. Er darf nicht ...
2. Uwe hat kein Geld.
   a. Er muß ...
   b. Er darf nicht ...
   c. Er muß
3. Uwe hat Zahnschmerzen.
   a. Er darf nicht ...
   b. Er muß ...
   c. Er darf nicht ...
4. Uwe ist zu dick.
   a. Er muß ...
   b. Er darf nicht ...
   c. Er muß ...
5. Uwe hat keine Freunde.
   a. Er muß ...
   b. Er darf nicht ...
   c. Er muß

2

1. Schnupfen	4. Behandlung
2. Versicherung	5. Erkältung
3. Schmerzen	6. Grippe

Keyword: *Fieber*

3

1. e.	6. j.	10. a.
2. h.	7. c.	11. d.
3. k.	8. f.	12. g.
4. l.	9. m.	13. b.
5. i.		

4

1. Rücken

2. Schmerzen

3. Angst

4. bin

5. Bauch

5

1. Mom, I'm so sick!

2. What's wrong with you then?

3. Headache and so on ...

4. And so on? Well, go to bed then and take your temperature.

5. Great!

6. There, I hope you recover soon ...

7. Hi! There's no school today and we wanted to go to the zoo with Drago.

8. Sorry, Lolly, but he is very sick and has to stay in bed.

6

Possible answers:

einsparen, *to save*

Untersuchung, *examination, investigation*

Krankenversicherung, *health insurance*

Kaffeetasse, *coffee cup*

Kontrolluntersuchung, *checkup*

hunderttausend, *hundred thousand*

Rückenschmerzen, *backache*

privatversichert, *privately insured*

Arzthelferin, *nurse, doctor's assistant*

Videoraum, *video room*

7

Super dad: 3., 6.

Super dud: 1., 2., 4., 5., 7.

a. tolle Väter

b. hat ... gefragt

c. der ideale Vater

d. knuddeln

e. Hausaufgaben

f. Dinge

g. unternehmen

Erste Kontakte/Unit 13
Wir finden Sport sehr wichtig

1

Richtig: 2., 4., 5., 6., 8., 9.

2

1. a. spielt

2. b. geht

3. c. spielt

4. b. macht

5. b. geht

3

1. Verein	5. Sportarten
2. Mitglied	6. Fußballstadium
3. Sportsendungen	7. Mannschaft
4. Weltmeisterschaften	8. fit

4

Possible answers: items in parentheses are sports not listed in the course book.

mit Ball	ohne Ball	zu Fuß
Tennis	Radfahren	Turnen
Tischtennis	Reiten	Joggen
Fußball	Schwimmen	Skisport
Volleyball	Motorradrennen	Leichtathletik
Handball	([Bogen]Schießen)	(Akrobatik)
(Basketball)	(Autorennen)	(Bergsteigen)
(Golf)	(Segeln)	(Langlauf)

5

Torben & Anita, Peter & Marina, Ingo & Nina, Isabella & Tobias. Andreas and Marlies might have trouble finding suitable partners.

6

1. besser	4. lustig
2. gesund	5. anstrengender
3. lieber	6. mehr

7

Answers will vary. Possible answers include:

1. Ja, aber ich spiele lieber Tennis. / Nein, ich fahre lieber Ski.

2. Ja, aber mein Freund/Karl treibt öfters Sport.

3. Ja, aber dein Vater ist älter.

4. Ja, aber Sie haben mehr Geld. / Nein, er hat mehr Geld.

5. Ja, aber dein Buch ist besser.

Erste Kontakte/Unit 14
Ich werde mich bewerben

1

Possible answers:
1. Ich schreibe, daß ich einen dynamischen Job suche. „Ich suche einen dynamischen Job!"
2. Ich schreibe, daß ich sympathisch und attraktiv aussehe. „Ich sehe sympathisch und attraktiv aus."
3. Ich schreibe, daß ich modern, flexibel und menschlich arbeiten will. „Ich will modern, flexibel und menschlich arbeiten!"
4. Ich schreibe, daß ich mit Freude bei der Arbeit bin. „Ich bin mit Freude bei der Arbeit."
5. Ich schreibe, daß ich viel Initiative habe. „Ich habe viel Initiative."

Good intentions: Ich werde einen dynamischen Job suchen. Ich werde sympathisch und attraktiv aussehen. Ich werde modern, flexibel und menschlich arbeiten. Ich werde mit Freude bei der Arbeit sein. Ich werde viel Initiative haben und meine Kurzbewerbung senden.

2

Answers will vary.

3

Answers will vary. Sample answers:
1. Ich muß/soll pünktlich und gut gekleidet (zum Gespräch) kommen.
2. Ich muß mich auf Fragen zum Lebenslauf vorbereiten.
3. Ich soll mich über die neue Stelle und die Firma informieren.
4. Ich darf nicht negativ über meine jetzige Stelle oder Kollegen sprechen. [*Note:* NOT "muß nicht"] / Ich soll/muß nur positiv über meine...sprechen.
5. Ich soll Fragen über die neue Stelle und die Firma stellen.

English translations for sample answers:
1. I must/should come (to the interview) on time and well dressed.
2. I have to prepare myself for questions about my resume.
3. I should/ought to inform myself about the new position and the company/firm.
4. I must not speak negatively about my current position or co-workers. I should/must only speak positively about my current position or co-workers.
5. I should ask questions about the new position and the company.

4

Possible answers:
die Grafik + die Abteilung = die Grafikabteilung
die Kunst + die Akademie = die Kunstakademie
der Beruf + die Erfahrung = die Berufserfahrung
fern + das Gespräch = das Ferngespräch
fern + sehen = fernsehen (or, das Fernsehen)
die Vorstellung + das Gespräch = das Vorstellungsgespräch
frei + die Zeit = die Freizeit
fort + die Bildung = die Fortbildung
Die Schule + die Bildung = die Schulbildung
die Kunst + die Schule = die Kunstschule

5

1. Elke sagt, daß sie gern Musik hört.
2. Du sagst, daß du bei Deutschland Plus arbeitest.
3. Nico sagt, daß er seinen Job mag.
4. Frau Weiß sagt, daß sie morgen nach Hause fährt.
5. Herr Braun sagt, daß er Architekt ist.

6

1. c.
2. a.
3. b.
4. d.

7

1. Ich werde zu meinen Eltern gehen.
2. Ich werde länger schlafen.
3. Ich werde zur Arbeit gehen.
4. Ich werde einen Anzug kaufen.
5. Ich werde Schuhe kaufen.

8

Am Freitag borge ich mir einen Anzug, dann kaufe ich einen Schlips. Als nächstes gehe ich zum Friseur und lasse mir die Haare waschen und schneiden. Nachmittags gehe ich joggen und in die Sauna. Abends muß ich meine Schuhe putzen. Dann nehme ich ein warmes Bad und gehe früh ins Bett. Samstag stehe ich früh auf. Ich mache Gymnastik und nehme anschließend eine kalte Dusche. Mittags rufe ich die Werkstatt an und hole dann das Auto ab.

9

1. c. "I am glad that I was not born in America," says Sabine. "Why," asks the teacher. "Because my English is so bad."
2. b. The teacher says to the student, "You look so pale. Are you frightened of my questions?" "No, but of my answers."
3. d. "I came across you in the street yesterday, but you did not see me," the principal says to the student. "Yes, I know."
4. a. "You have not done any work again," scolds the teacher. "Do you know what happens to children like you later on?" "Yes, they play football and drive big cars."

Erste Kontakte/Unit 15
Es freut mich sehr

1

1. Parken verboten!   5. Halt
2. Ausfahrt   6. ADAC
3. Raststätte   7. Umleitung
4. Kreditkarte   8. Selbsttanken
Keyword: *Parkhaus*

2

Inappropriate responses: 1. c., 2. b., 3. c., 4. a., 5. c., 6.c., 7.a., 8. b.

3

1. Sie wohnen in Köln.
2. Sie haben eine Wohnung.
3. Ja, ich habe ihnen Blumen mitgebracht.
4. Sie haben sich sehr gefreut.
5. Nein, Karin war nicht mit.
6. Weil sie Urlaub hat.
7. Sie ist auf die Kanarischen Inseln gefahren.
8. Die Atmosphäre war gemütlch.
9. Am Nachmittag gab es Kaffee und Kuchen.
10. Ja, ich bin zum Abendessen geblieben.

11. Das Essen war sehr lecker. (or, Das Essen schmeckte sehr lecker. Das Essen hat sehr lecker geschmeckt.)

4

1. bar
2. volltanken
3. unterschreiben
4. zahlen
5. bleifrei
6. prüfen
7. Kreditkarte

5

1. b. I'm paying with a credit card.
2. a. Could you please sign here?
3. c. Please check the battery.
4. e. And could you also check the oil and water please?
5. g. Could I have 80 marks worth of gasoline, please.
6. d. That makes 90 marks altogether.
7. f. Fill up the tank please.

6

Pairs: 1 + 12, 2 + 3, 4 + 7, 6 + 9, 11 + 17, 13 + 19, 14 + 15; all the others are mavericks.

7

Sample dialogue:
(a) Guten Tag/Guten Abend! Ich heiße Anne Taylor.
Guten Tag! Ich heiße Elke Müller.
(b) Es freut mich, Sie kennenzulernen. / Sehr angenehm.
Es ist sehr gemütlich bei Ihnen.
(c) Vielen Dank. Darf ich Ihnen etwas (zu trinken/essen) anbieten?
Ich hätte gern ein Glas Wein.
(d) Bitte. Hoffentlich war es nicht zu schwer, den Weg hierher zu finden.
Nein, gar nicht. Prost!

Erste Kontakte/Unit 16
Das müssen wir aber feiern!

1

R: 2., 4., 6., 7.
F: 1., 3., 5., 8.

2

1. d.
2. c.
3. b.
4. a.

3

1. The Christmas countdown begins on 1 December (*am ersten Dezember*).
2. Some people who don't want to celebrate Christmas fly off to warmer climates.
3. *Heiligabend* is on December 24 (*am 24. Dezember*). They sing Christmas carols, exchange presents, and some attend midnight church services.
4. Goose is the traditional German dish for Christmas.
5. A *Päckchenkette* is 24 lovingly-wrapped little parcels containing knick-knacks and sweets.

4

1. Nein, ich kaufe ihn morgen abend ein.
2. Nein, ich lade sie morgen ein.
3. Nein, ich rufe sie heute abend an.
4. Nein, sie kommt heute mittag an.
5. Nein, ich hole es morgen früh ab.
6. Nein, ich nehme ihn nach dem Essen mit.

5

Possible job matches: 1.e., 2.g., 4.d., 8.c.
No matches for: 3., 6., 7.
Socializing for the unemployed: a., b.
1. Neuanfang
2. Frühstückstreff
3. Arbeitslose
4. Freiheit
5. stricken
6. Geld verdienen

6

1. ab, in
2. zum, vor
3. und
4. beim
5. zum
6. zu
8. am

7

Odd ones out: 1. c., 2. b., 3. c., 4. c., 5. c.

8

Treffpunkte/Unit 1
Kaffee und Kuchen

1

1. Tasse Kaffee, Croissant
2. Knäckebrot, Orangenmarmelade
3. Kännchen Tee, Brötchen
4. Toast, Schinken, Käse
5. Glas Orangensaft, Joghurt
6. Scheiben Schwarzbrot, Butter
7. Müsli. Milch

2

1. Wasser
2. Bier
3. Kaffee
4. Sekt
5. Milch
6. Wein
7. Sahne
8. Orangensaft
Keyword: *Riesling*

3

1. Himbeertorte, 2. Käsekuchen,
3. Apfeltorte, 4. Marmorkuchen,
5. Mohnkuchen, 6. Sachertorte

4

Part A
1. ein Ei, Schinken
2. Kaffee (Tee), Zucker (Zitrone)
3. Sachertorte, Sahne
4. Tee (Kaffee), Zitrone (Zucker)
Part B
Answers will vary.

5

1. d., f.
2. e., h.
3. c., g.
4. b., k.
5. j., l

6

Part A
a. 6.   c. 5.   e. 2.
b. 3.   d. 1.   f. 4.

Part B
1. Blick auf den Dom
2. Altstadtlokal
3. Dschungelatmosphäre
4. Tortenfreunde und Tortenfreundinnen
5. Affen
6. Beste Plätze
7. Jahrhundert
8. Terrasse
9. Papageien
10. Pflanzen

Treffpunkte/Unit 2
Bitte sprechen Sie nach dem Signalton

1

Part A
1. Herrn Backe
2. Hans Schöllhorn
3. yes
4. Tuesday
5. He has another important meeting
6. move the meeting to Thursday at 4 P.M.
7. call back at the following number: 345 661

Part B
Mein Name ist Ina Runde. Ich habe eine dringende Nachricht für Frau Heller. Es geht um das Essen am Mittwoch. Ich kann leider nicht kommen, weil meine kleine Tochter krank ist. Ich hoffe, wir sehen uns am Wochenende.

2

1. Telefonkarte   6. Telecom-Geschäft
2. anrufen   7. bargeldlos
3. Münzen   8. stecken
4. Münzfernsprecher   9. Fernsprecher
5. kaputt

3

You understand nothing? The man can't pronounce ... and no "oh" either. Of course you can also take a streetcar or go shopping at the weekly market.

4

1. h. niemand   6. d. Besprechung
2. e. Ordnung   7. i. Nachricht

3. g. ausrichten   8. b. verstanden
4. f. Dienstreise   9. a. wiederholen
5. j. gesprochen   10. c. verbinden

5

1. Mainz is known as the "media Mecca" because the city is home to major radio and television stations/networks.
2. Johannes Gutenberg is known as the inventor of the hot metal printing press.
3. Two well-known landmarks in Mainz are: Saint Martin's Cathedral (der Sankt-Martins-Dom) and St. Stephan's Church (die Sankt-Stephans-Kirche). (Also: the Gutenberg Museum and the Altstadt.)
4. Mainz is the capital of Rheinland-Pfalz.
5. *Answers will vary.*

6

1. Wo finde ich die Altstadt? (Wo kann ich die Altstadt finden?)
2. Können Sie mir einen Rat über andere Sehenswürdigkeiten geben?
3. Wann ist der Sankt-Martins-Dom geöffnet?
4. Wie weit ist der Dom vom Gutenberg-Museum?
5. Könnte ich bitte einen Stadtplan haben?

7

Translation (approximate):
The beautiful maiden is sitting
Up there wonderfully,
Her golden jewels glisten,
She's combing her golden hair.

She combs it with a golden comb
While singing a song
That has a wonderful,
powerful melody.

The boatman in his small boat
is gripped by a wild pain;
He does not look at the rocky reefs,
He only looks on high.

I think the waves will swallow
The boatman and his boat in the end,
And that's what the Lorelei has done
With her singing.

Picture 1: lines 11, 12
Picture 2: lines 1, 2, 3, 4
Picture 3: lines 13, 14
Picture 4: lines 5, 6, and possibly 4

Treffpunkte/Unit 3
Wie sieht Ihr Arbeitstag aus?

1

Erich, Angelika, and Karin are industrious, everybody else is lazy.

2

1. Kinderkrippe   4. Gleitzeit
2. Büro   5. Feierabend
3. Wochenende   6. Hause

3

1. Ich muß in einem Hotel arbeiten.
2. Frau Fese kann um acht Uhr beginnen.
3. Wir müssen nicht mehr arbeiten.
4. Herr Klein soll immer am Samstag einkaufen.
5. Du kannst freitags Feierabend machen.

4

1. a.   4. c.   7. b.
2. a.   5. g.   8. d.
3. f.   6. e.   9. b.

5

1. wohnt   4. arbeitet, ist
2. ist   5. kommen
3. kümmert   6. bekommt

6

Waagerecht   *Senkrecht*
1. staubsaugen   2. Arbeiten
5. Urlaub   3. saubermachen
6. Kinderkrippe   8. Gehalt
7. Fabrik
9. bügeln
10. Kinder
11. Ostern

7

Part A
1. teilen   7. bügelt
2. staubsauge   8. arbeite
3. putzt   9. bringe
4. macht   10. hole
5. gehe   11. koche
6. mache   12. bringt

Part B
Am Samstag war immer der große Haushaltstag. Mein Mann und ich teilten uns die Arbeit. Ich staubsaugte die Wohnung, mein Mann putzte das

Badezimmer. Er machte die Betten. Dann ging ich einkaufen. Ich machte die Wäsche, aber er bügelte sie dann. Während der Woche war es anders. Da arbeitete ich viel mehr als mein Mann. Ich brachte jeden Morgen die Kinder weg und holte sie nach der Schule auch ab. Außerdem kochte ich jeden Tag. Manchmal brachte mein Mann die Kinder ins Bett.

Treffpunkte/Unit 4
Verreisen Sie gerne?

1

1. Ich möchte gerne nach Prag fahren.	a. 8:20
2. Am Wochenende.	b. 16:45
3. Ich möchte am späten Nachmittag ankommen.	c. 9:01
4. Muß ich umsteigen?	d. 9:28
5. Ist das mit Intercity?	e. 10:35
6. Gibt es auch einen direkten Zug?	f. 11:35
7. Wo muß ich umsteigen?	

2

1. c.   3. f.   5. b.
2. a.   4. d.   6. e.

3

1. c.   4. a.   6. b.
2. e.   5. f.   7. d.
3. g.

4

1. am billigsten; Staying at home. That's the cheapest.
2. am ruhigsten; In Ibiza it's quietest in the fall.
3. am schönsten; He says that Austria is the most beautiful.
4. am teuersten; The BMW is the most expensive.
5. am liebsten; She prefers to drink milk most of all.
6. am besten; I like the red car best.
7. am wärmsten; In August it's hottest there.

5

1. From the beginning of July to mid-September

2. Adults: 2 x 460 marks= 920 marks; child approx. 20% less than an adult = 0.20 x 460 marks = 408 marks total amount = 1328 marks (or about 1300 marks)
3. From Munich, take the highway towards Kufstein/Brenner, turn off (exit) for Pustertal, and drive to Weisberg.
4. By EC from Munich to Bozen, then get off at Weisberg.
5. Prearrange a meeting place in Weisberg.
6. On foot

6

1. Fahrkarte   5. Wetter
2. Mahlzeit   6. Sommer
3. Autobahn   7. Schwarzwald
4. Sport

7

Part A
1. a. or b.   4. d.
2. b   5. e.
3. c. or d.

Part B
1. Fasten mit Früchten
2. Schönheitswoche
3. Reise nach Innen
4. Urlaub mit Kindern
5. Winterschlaf

Treffpunkte/Unit 5
Es war sehr hektisch!

1

Part A
1. d.   4. b.
2. c.   5. e.
3. a.

Part B
1. b.   4. f.   7. e.
2. g.   5. h.   8. a
3. c.   6.d.

2

1. der Besuch   4. der Export
2. die Verbreitung   5. produzieren
3. verbinden   6. probieren

3

1. Fabrik   4. Markt
2. Backstube   5. Kaufhaus
3. Feinkost   6. Konditorei

4

1. Einführung des Kurses
2. Leitung des Seminars
3. Besprechung der Pläne
4. Begrüßung der Gäste
5. Herstellung des Marzipans
6. Lieferung der Waren

5

Name: Ulrich Hoffmann
Alter: 56
Familie: vier Töchter, geschieden
seit wann in Freiburg: 22 Jahre
seit wann Lehrer: 18 Jahre

6

1. Für mich ist meine Freizeit wichtiger als meine Arbeit.
2. Nur 50% meiner Kollegen sind stolz auf ihre Arbeit.
3. Unsere Löhne sind die höchsten in Europa.
4. Wir bekommen auch extra Weihnachtsgeld und Urlaubsgeld.
5. Wir haben den längsten Urlaub und die kürzeste Arbeitszeit.
6. Pro Woche arbeiten wir nicht mehr als 37 Stunden.

7

1. Geschäftsführer
2. Exportleiter
3. Mitarbeiter
4. Produktionsleiter

8

1. Um acht Uhr begrüßt er den Geschäftsführer.
2. Dann probiert sie Marzipan in der Konditorei.
3. Jeden Tag stellen sie fünfunddreißig Tonnen Marzipan her.
4. Um sieben Uhr war ich in Frankfurt zurück.
5. Seit vielen Jahren liefern sie in die Tschechei.

Treffpunkte/Unit 6
Zeit zum Einkaufen

1

2 Krawatten, 1 Paar Hosen, 1 Sakko und 1 (Paar) Hosen = 1 Anzug (*1 jacket and 1 pair of pants = 1 suit*), 6 Taschentücher, 5 Oberhemden, 3 Paar Socken, 1 Mantel

2

1. f.	6. h.
2. d.	7. j.
3. g.	8. c.
4. i.	9. a.
5. b.	10. e.

3

Damenabteilung: Blusen, Kleider, Jacken, Röcke, T-Shirts
Haushaltwaren und Geschenke: Obstschalen, Kerzen, Blumenvasen, Kerzenständer
Schmuckabteilung: Ohrringe, Ringe, Armbänder
Spielwaren: Teddybären
Sportabteilung: Tennisschläger, Fußbälle, Wanderschuhe

4

1. orange	5. orange
2. türkis	6. blau
3. rosa	7. grün
4. gelb	

5

1. Ich möchte ein Geschenk kaufen.
2. Für meinen Sohn.
3. Er ist fast 12. *or* Er wird bald 12.
4. Nein, er haßt Spielsachen.
5. Ja, er liebt Sport.
6. Ja, gute Idee. Was kosten die?
7. Das ist mir zu teuer.
8. Ja, gut. Was kostet der denn?
9. Ist das der billigste?
10. Gut, dann nehme ich den.
11. Ja, bitte!
12. Und wo kann ich bezahlen?

6

1. Sommerschlußverkauf
2. Käufer
3. Einkaufen
4. billiger
5. Qualität
6. teurer
7. teuersten
8. besser
9. enttäuscht
10. Sonderangebote
11. reduziert

Translation:
The summer sales are an attraction not just for the locals in Cologne. Like every year, many customers have also come from the neighboring countries— among them some Swiss people. They think many items are cheaper than in Switzerland and are mostly satisfied with the quality. Visitors from the U.S., however, say that everything is much more expensive. Most expensive for them are electrical goods. The English like buying shoes. They think the German quality is much better. But unless you want to be disappointed you must react quickly. Many special offers are so drastically reduced that they disappear very quickly.

Treffpunkte/Unit 7
Ich bezahle das mit Scheck

1

1. (ein)hundertneunundneunzig
2. 503
3. achthundertsechsundsiebzig
4. 913
5. vierhundertvierundvierzig

2

a. 2., 6.
b. 1., 3., 4., 5.

3

Part A
Richtig: 1., 3., 4.
Falsch: 2., 5., 6., 7.
Part B
1. Sie finden das bequemer.
2. Die Mieten sind zu hoch.
3. direkt vom Erzeuger
4. Es gibt zu wenig Parkplätze.
5. Oft gibt es dort Sonderangebote.
6. Außerdem kaufen die Leute lieber alles im Supermarkt ein.

4

1. klein	5. offen
2. jung or neu	6. billig
3. böse	7. langsam
4. schön	8. kalt

5

ein Liter Milch, ein Kilo Bananen, sechs Eier, ein Pfund Zwiebeln, ein Kilo Tomaten, zwei Gurken, fünfhundert Gramm Hackfleisch, eine Flasche Rotwein, fünf Dosen Hundefutter, ein Liter Öl, fünfhundert Gramm Parmesankäse, Gewürze

6

1. mich
2. mir
3. mich
4. mir
5. mir

7

1. Flug
2. buchen
3. fliegen
4. Wochenende
5. Sondertarif
6. im Voraus
7. Ticket
8. abends
9. Morgenmaschine

Treffpunkte/Unit 8
Haben Sie Familie?

1

Part A
das Gesicht ist: oval, klein, lang, rund, eckig
die Ohren sind: klein, lang, groß
die Nase ist: klein, kurz, lang, groß
die Haare sind: lockig, schwarz, blond, lang, kurz, dick
die Figur ist: rund, schlank, dick
die Augen sind: schwarz, klein, groß, rund
der Hals ist: kurz, lang, dick, schlank
Part B

a. Augen	f. ein ovales
b. Hals	g. kleine
c. Haare	h. eine lange
d. Figur	i. einen kurzen
e. schwarze	

2

1. Großmutter
2. Geschwister
3. Onkel
4. Großeltern
5. Nichte
6. Eltern
7. Neffe
8. Großvater
9. Tante

Keyword: *Urgroßeltern*

3

Part A

Suspect: Herr Dimpel

Part B

Herr Karlson hat eine totale Glatze, er ist dünn, aber er hat einen ganz runden Bauch. Er sieht ziemlich alt aus. Er trägt eine eckige Brille und hat keinen Bart.

Herr Engel hat nicht mehr viel Haare auf dem Kopf. Er trägt eine runde Brille und hat einen langen Bart. Er sieht ziemlich jung aus.

Herr Matz hat keine totale Glatze, aber nicht mehr viel Haare auf dem Kopf. Er ist groß. Er trägt eine Brille und hat keinen Bart.

4

1. dick
2. eckig
3. schwarz
4. kürzer
5. jüngste
6. geschieden / ledig
7. suchen
8. Supermann / keine Superfrau
9. sieht häßlich aus
10. alleinstehend

5

1. Neffe
2. Bauch
3. Sohn
4. übel
5. schüchtern

6

Margot schlank und dicke Figur?
Anita blond und dunkle Haare?
Marianne weißen Schnurrbart?
Christoph dunkelbraune Haare und Glatze?
Helmut sieht wirklich toll aus?

7

Possible matches: 2. + 9., 3. + 7., 6. + 8.

8

Correct order: 4, 1, 3, 2

Treffpunkte/Unit 9
Zuhause in Deutschland

1

1. Französin, französisch
2. England, englisch
3. Italien, Italienerin
4. Rumäne, rumänisch
5. Japan, japanisch
6. Polen, polnisch
7. Spanierin, spanisch
8. Griechenland, griechisch

2

1. b. I understand.
2. a. I agree.
3. c. You are speaking too slowly.
4. a. I know how to write (spell) that.

3

1. c.	5. h.	8. i
2. e.	6. a.	9. f.
3. g.	7. d.	10. b.
4. j.		

4

1. Wo bist du aufgewachsen?
2. Wo bist du zur Schule gegangen?
3. Wo hast du Deutsch gelernt?
4. Seit wann lebst du hier in Marburg?
5. Warum bist du nach Deutschland gekommen?
6. Möchtest du wieder nach Norwegen zurück?

5

1. Ausländer
2. Studienplatz
3. Armee
4. Schlägerei
5. Sprachschule

6

a. 1., 5., 8., 10., 11.
b. 2., 4., 6., 7.
c. 3., 9.

Treffpunkte/Unit 10
Wir sind schon voll belegt

1

Part A

1. a. and b.	5. a. and b
2. b.	6. b.
3. a.	7. a. and c.
4. c.	

Part B

1. der poetischste Zirkus
2. ein Meisterwerk an Choreographie
3. in aller Welt
4. noch einmal eine Chance
5. das traditionsreiche Maritim-Hotel
6. mit der schönsten Bar
7. für einen sehr guten Platz
8. ein festliches Menü

2

1. mich	5. Frühstück
2. Rechnung	6. Handtücher
3. nichts	7. Dusche
4. nicht	8. Kaffee

3

1. e.	6. j.
2. g.	7. a.
3. b.	8. c.
4. i.	9. f.
5. k.	10. d.

4

Possible answers:

1. René wohnt in Magdeburg (im Osten Deutschlands).
2. Er konnte seine Miete nicht mehr zahlen, weil er arbeitslos ist.
3. Er hat seine Luxusgüter verloren, weil er die Raten nicht mehr zahlen konnte. Er hat sie nach der Wende gekauft.
4. Er verlor auch seine Freundin.
5. Magdeburg ist die Landeshauptstadt von Sachsen-Anhalt.

Treffpunkte/Unit 11
Leben nach der Wende

1

Richtig: 1., 2., 5., 6., 8., 10., 11.
Falsch: 3., 4., 7., 9., 12.

2

1. Vor der Wende waren die Leute viel offener.
2. Hier ist die Luft so schlecht.
3. Vielleicht gewinnen wir ja mal im Lotto.
4. Ich finde sicher bald wieder einen Job.
5. Unsere Ehe ist harmonisch.
6. Dreieinhalb Jahre wurden sie in ihrer Wohnung abgehört.
7. Sie wird immer noch traurig, wenn sie von ihrem Mann spricht.
8. Sie sehen ihren Papa nur am Wochenende.
9. Ich bin in einem kleinen Dorf aufgewachsen und habe immer meine Freiheit gehabt.
10. Heute möchte ich nicht mehr Lehrerin sein.

3

1. Gabriele Schuster
2. Corinna Martin
3. Gerhard und Gisela Düsterdick
4. Gabriele Schuster
5. Ilse Egger
6. Ilse Egger
7. Gisela Hirschfeld
8. Marleen und Michael Martin
9. Kuno Schuster

4

2. Die Großbetriebe sind reicher (größer, kleiner) geworden.
3. Die Renten sind höher (geringer, größer, kleiner) geworden.
4. Die Atmosphäre ist mißtrauischer (kälter) geworden.
5. Die Arbeitszeit ist geringer geworden.
6. Die Welt ist größer (kleiner) geworden.
7. Die Freizeit ist geringer geworden.
8. Das Leben ist mißtrauischer (kälter) geworden.

5

Answers will vary. Sample answers.
1. Die Leute im Osten können jetzt mehr kaufen, aber viele sind arbeitslos.
2. Die DDR existiert nicht mehr seit dem 3. Oktober 1990. Dieses Datum heißt heute der Tag der deutschen Einheit (und ist ein Nationalfeiertag).
3. Man baute die Berliner Mauer am 13. August 1961. Die Mauer wurde am 9. November 1989 geöffnet.
4. Deutschland wurde 1949 geteilt. Die beiden deutschen Staaten hießen die Bundesrepublik Deutschland (BRD) und die Deutsche Demokratische Republik (DDR).
5. Westberlin wurde von den USA, Großbritannien und Frankreich verwaltet. Ostberlin wurde von der Sowjetunion verwaltet.

6

Suggested answers. Answers will vary.
Positiv: Es gibt mehr Wohnungen. Man kann in den Westen reisen. Die Universität hat mehr Studenten bekommen. [*auch negativ*] Im Osten wird viel gebaut. Für viele hat sich das Leben finanziell verbessert.
Negativ: Die Mieten sind höher. Die Menschen waren früher menschlicher. Viele sind arbeitslos. Man muß mehr Steuern zahlen. Die Städte verlieren Einwohner/Leute. Es gibt weniger Zeit für die Familie.

7

Answers will vary.

Treffpunkte/Unit 12
Wo tut es weh?

1

Completely new diet pills — to be dropped and picked up 20 times a day.

2

1. a.	3. d.	5. c.
2. e.	4. b.	

3

1. g.	5. j.	8. b.
2. i.	6. a.	9. d.
3. f.	7. e.	10. h.
4. c.		

4

headaches. fatigue and dizziness; building materials and paints give off; into the air for years; weaken your immune system; What can you do about it? Green plants are medicine for our lungs. They work as air filters in apartments and offices. Leaves absorb chemicals such as formaldehyde. Palms and ferns are .... Besides, don't forget to air out the rooms regularly.

5

1. a. Mein Bein tut weh.
   b. Ich habe Fieber und glaube, ich habe die Grippe.
   c. Ich huste viel und habe Halsschmerzen.
   d. Ich will abnehmen.
   e. Ich habe Rückenschmerzen.
2. a. Haben Sie etwas gegen Kopfschmerzen?
   b. Können Sie (mir) eine Salbe gegen Sonnenbrand empfehlen?
   c. Sind diese Tabletten rezeptpflichtig?
   d. Können Sie (mir) etwas gegen Juckreiz empfehlen?
   e. Muß ich die Tabletten dreimal täglich nehmen?

Treffpunkte/Unit 13
Gesundheit und Fitneß

1

The hotel does not have a boutique. There is no tennis, only table tennis. Parking spaces are provided, but not a garage—but garage space can be rented.

2

Sie geht ins Gymnasium in Leutkirch. Cross out: sie reist auch gerne. Ihr Vater hat ihr das Tennisspielen beigebracht. Sie spielt für zwei Vereine. 1996 war sie die beste württembergische Spielerin.

3

1. beliebteste
2. meisten
3. älteste
4. beste
5. längste

Treffpunkte/Unit 14
Ich mach' mal einen Anfängerkurs

1

1. Fremdsprache
2. Karriere
3. Englisch
4. Sprachunterricht
5. Sprachkenntnisse
6. Beruf
7. Betriebspraktikum
8. Arbeitsmarkt
9. Traumberuf

2

Frau Mai: Ich gehe in den Kurs „Zuerst die Milch! Und wann der Brei?", weil ich mein Baby richtig ernähren will.

Herr Köstler: Ich gehe in den Kurs „Sicher im Streß", weil ich innere Ruhe finden möchte.

Frau Dannemann: Ich gehe in den Aqua-Fit Kurs, weil ich mich mit Wassertraining fit halten will.

Frau Krutke: Ich gehe in den Kurs „Gymnastik bei Osteoporose", weil ich an Osteoporose leide.

Herr Fuchs: Ich gehe in den Kurs „Schlank und Fit", weil ich abnehmen und mehr Bewegung haben will.

Frau Abel: Ich gehe in den Portugiesisch-Kurs, weil ich ein Ferienhaus in Portugal habe.

3

1. Ich habe Angst, wenn ich abends nach Hause komme.
2. Karl lernt Spanisch, weil er im Sommer nach Madrid reist.
3. Er weiß, daß sie in Italien bleiben will.
4. Ich backe mein eigenes Brot, weil ich gern koche.
5. Ich mache dieses Seminar, wenn ich Zeit habe.

Translations

1. I'm afraid when I come home in the evening.
2. Karl is studying Spanish because he is traveling to Madrid in the summer.
3. He knows that she wants to stay in Italy.
4. I bake my own bread because I like to cook.
5. I'll take this seminar if I have time.

Treffpunkte/Unit 15
Die Umwelt — was soll man tun?

1

Environmentally friendly: 2, 3, 5, 6, 9, 10, 12, 13, 14, 15, 16, 18, 21, 22, 23

2

Liebe Britta, ich wohne jetzt schon seit drei Monaten in Ravensburg. Mir gefällt es hier. Die Leute sind sehr umweltbewußt. Es gibt sogar einen Windeldienst hier! Wie findest du das? Magst du lieber Papierwindeln? Aber — sind sie umweltfreundlich? Sie produzieren riesige Abfallberge. In Ravensburg gibt es eine Alternative. Der Windeldienst KakaDu bringt saubere Baumwollwindeln ins Haus, nimmt die schmutzigen Windeln mit und wäscht sie! Und wenn du ein Fest feiern willst, kannst du ein "Geschirrmobil" bestellen. Das spült in Windesschnelle Gläser und Teller. Eine tolle Idee, findest du nicht?

Viel Liebe,
Doreen

3

Part A

1. Wenn man mit den Flaschen fertig ist, soll man Glas in den Altglas-Container werfen.
2. Wenn man ein neues Auto kauft, soll es einen Katalysator haben.
3. Wenn ein See vergiftet ist, kann es eine ökologische Katastrophe werden.
4. Wenn die neue Bahnstraße fertig ist, hat man nur eine kleine Zeitersparnis.
5. Wenn das öfters vorkommt, kann man eine Anzeige bekommen.

Part B

1. When you are finished with the bottles, you should toss glass in the glass container.
2. When you buy a new car, it should have a catalytic converter.
3. When a lake becomes poisoned (polluted), it can become an ecological disaster.
4. When the new stretch of tracks (roadbed) is done, you will only save a little time.
5. If that happens on more than one occasion, you can be cited (for it).

Treffpunkte/Unit 16
Dann wünsche ich Ihnen ein schönes Fest!

1

1. a. Before exchanging gifts we always go to church. I hate that, I am happy that we always go home after an hour. Then I am always the fastest.
2. c. Usually we only get bread and butter at noon so that we are really hungry. Then we get our presents. And then we eat as much as we can.
3. d. The angels are always behind me and watching to see if I am good. And later they tell that to dear God.
4. e. I don't believe in angels, but one never knows. . .
5. b. First we eat lunch, then we have to go to our rooms. Our Mom reads a story to us out loud. And then it gets boring for us, Mom doesn't want to read anymore, and then we always have to wait, and then we exchange presents.

2

Richtig: 1., 3., 4., 6., 8.
Falsch: 2., 5., 7.

3

Answers will vary. Suggested answers.

1. ...auf Skiurlaub / zum Skifahren / in die Karibik / in die Eifel.
2. ...tragen Kostüme und singen / verkleiden uns.
3. Truthahn / Gans / Karpfen /Raclette oder Fondue / ein traditionelles Gericht... und dann... gehen wir zum Mitternachtsgottesdienst / haben wir die Bescherung.
4. ...ein Geschenk kaufen / ein neues Kleid/einen neuen Anzug kaufen.
5. ...Feuerwerk